COLECCIÓN

OPCIONES BINARIAS MAESTRAS

TOMO 5

"TRADING BRILLANTE: DESCUBRE EL PODER DE LAS OPCIONES BINARIAS MAESTRAS

¡ELEVA TUS OPERACIONES CON TORRES GEMELAS, TRES MOSQUETEROS, TRES VECINOS!

Autor: Igor Quz

Igor Quz

TÍTULO: *"TRADING BRILLANTE: DESCUBRE EL PODER DE LAS OPCIONES BINARIAS MAESTRAS"*
SUBTÍTULO: ¡ELEVA TUS OPERACIONES CON TORRES GEMELAS, TRES MOSQUETEROS, TRES VECINOS!
- 1ª ed. - Buenos Aires: el autor, 2024

ISBN: 9798878544252
Sello: Independently published

1. Negocios y finanzas. I. Éxito personal – Negocios desde casa

Contacto: *edicionesiq@gmail.com* -

Fecha de catalogación: 05-02-2024

Antes de continuar, déjame advertirte algo importante:

"Las opciones binarias son un instrumento financiero altamente riesgoso, y puedes perder la totalidad de tu inversión."

Nunca inviertas dinero que no puedas permitirte perder. **Recuerda siempre**: el 95% de los traders de opciones binarias pierde dinero de forma habitual, y solo el 5% logra ganancias consistentes.

¿Qué posibilidades tienes de estar en ese 5%?

Eso depende **exclusivamente de ti**, ya que los resultados en trading son responsabilidad del propio trader, tanto en las ganancias como en las pérdidas.

El **curso IQ Trading** proporciona conocimientos valiosos para ayudarte a comenzar con el pie derecho y aumentar tus probabilidades de éxito. No es una fórmula mágica, pero sí una guía esencial para hacer del trading una actividad verdaderamente efectiva.

Una gran ventaja del trading de opciones binarias es que puedes poner a prueba cualquier estrategia o plan sin arriesgar dinero real, utilizando una cuenta demo.

Dedica tiempo a formarte, diseña un plan de trading sólido y domina las estrategias **antes** de operar con dinero real. Una vez que obtengas buenos resultados en la demo, la decisión de invertir será completamente tuya.

"Recuerda: los resultados de tu trading siempre estarán en tus manos. Invierte tiempo en tu formación antes de arriesgar un solo dólar real."

AGRADECIMIENTOS

A todos mis lectores...

Sin ustedes, este trabajo no tendría sentido. Es fundamental contar con alguien que valore y se interese por temas tan específicos como el trading de opciones binarias. Aprecio profundamente a quienes dedican su tiempo a leer libros como este, porque demuestra un auténtico compromiso con el aprendizaje.

En un mundo donde todo parece moverse hacia lo práctico y superficial, muchos buscan atajos, creyendo que el trading es fácil. Sin embargo, nada más lejos de la realidad. Muchas personas operan en opciones binarias sin un plan, o siguen ciegamente estrategias "milagrosas" encontradas en algún canal de YouTube.

El camino hacia el éxito en opciones binarias es complejo. Está lleno de obstáculos, desafíos y momentos de frustración. Por eso, tantos traders terminan abandonando.

Cuando decidí escribir este curso, lo hice con el firme propósito de ayudar a aquellos traders que están dispuestos a comprometerse de verdad con su aprendizaje. Mi objetivo es que mejores tus estrategias y metodologías para alcanzar la consistencia en el trading.

Si estás leyendo este libro, es porque has decidido dar ese paso hacia la mejora continua, porque quieres aprender o cambiar tu forma de operar. Te agradezco de corazón por tu compromiso.

En estas páginas encontrarás herramientas que aumentarán tus probabilidades de éxito. Dedica tiempo de calidad a leer, comprender y asimilar los conceptos que comparto, porque alcanzar la rentabilidad depende de ti y de tu dedicación.

¡El éxito está en tus manos!

INTRODUCCIÓN

Cuando comencé a escribir este curso decidí crear algunos módulos dedicados exclusivamente a estrategias de trading.

Luego me di cuenta de que no iba a ser tan fácil porque no es sencillo explicar aspectos tan específicos y detallados referidos a estrategias de trading en un formato escrito.

¿Por qué usar estrategias probabilísticas?

Las estrategias probabilísticas son estrategias comprobadas por miles de traders brasileros y de todo el mundo con excelentes resultados.

Ganan y pierden como con toda estrategia de trading, pero a diferencia de otras estrategias son muy sencillas de entender y no requieren un análisis exhaustivo para ponerlas en práctica.

De hecho, las estrategias probabilísticas en su versión clásica (tomando datos de efectividad de un catalogador y ejecutándolas), pueden ser mejoradas y gestionadas para una mayor eficacia, esto quiere decir mejorar la efectividad de la misma efectividad, tratando de evitar operaciones perdedoras como lo explico bien en este libro.

El presente libro es un simple resumen de los aspectos generales para usar estrategias probabilísticas que incluye *solamente tres estrategias probabilísticas detalladas de la colección*:

"OPCIONES BINARIAS MAESTRAS"
Descubre las 18 estrategias probabilísticas para triunfar en el trading
Optimiza tus inversiones y multiplica tus beneficios: Estrategias
comprobadas que transformarán tu éxito en opciones binarias

En este Tomo 5 aprenderás como usar las estrategias TORRES GEMELAS, TRES MOSQUETEROS y TRES VECINOS. Adicionalmente te explico cómo mejorar las estrategias y como gestionar en forma avanzada la elección de estrategias para ganar más y perder menos.

¿Por qué esta colección también esta desglosada en tomos?

Esta colección se vende en Amazon en formato completo o por separado en seis tomos distintos. La idea de separarla en tomos es básicamente que, si algún lector tiene interés de aprender solo determinada estrategia y no todas, adquiera el tomo que sea de su interés.

Por otro lado, la Colección completa de estrategias probabilísticas es una obra de más de 400 páginas, la cual me pareció coherente desglosarla a fin de facilitar la lectura de los Traders, sobre todo con las promociones de Amazon.

La idea de esta colección es llegar a la mayor cantidad de lectores posibles y ayudar a encontrar estrategias efectivas y rentables de opciones binarias para lograr la consistencia.

Esta colección es una oportunidad única de dominar el mercado con 18 estrategias distintas, la idea de las estrategias probabilísticas es que cada uno encuentre su mejor estrategia al momento de operar para tener una mayor probabilidad de éxito.

Comencemos este camino de éxito ahora mismo......

CONTENIDO

CAPÍTULO 1:

TRADING BRILLANTE: DESCUBRE EL PODER DE LAS OPCIONES BINARIAS MAESTRAS

El trading de opciones binarias, a primera vista, parece simple: predecir si el precio de un activo financiero subirá o bajará en un tiempo determinado. Este tipo de inversión ha captado la atención de miles de traders en todo el mundo por su aparente simplicidad y rapidez en los resultados. Sin embargo, la realidad es más compleja. Solo un pequeño porcentaje de traders logra resultados consistentes y rentables.

¿Por qué sucede esto? La diferencia entre el éxito y el fracaso en las opciones binarias radica en las estrategias. Mientras que el 95% de los inversores novatos pierde dinero al operar sin un plan definido o al buscar atajos, el 5% restante—los traders brillantes—aplican lo que llamaremos **estrategias maestras**. Estas estrategias han sido cuidadosamente diseñadas y probadas para maximizar las probabilidades de éxito.

Las **opciones binarias maestras** no solo involucran elegir entre una opción Call (SUBE) o Put (BAJA), sino dominar una serie de principios clave que permiten a los traders adelantarse a los movimientos del mercado con precisión y confianza. Estos principios incluyen la **gestión del riesgo**, una **mentalidad disciplinada** y, por supuesto, el uso de **estrategias probabilísticas**.

En este libro, nos adentraremos en el mundo de estas **estrategias maestras**. Aquí descubrirás cómo los traders más exitosos no solo apuestan por el azar o la suerte. Ellos siguen sistemas comprobados, basados en datos reales y un profundo entendimiento de los mercados. Aprenderás a evitar los errores comunes que llevan a la mayoría a perder dinero, como operar por impulso o sin un plan claro. En lugar de eso, te enseñaremos cómo:

1. **Diseñar un plan de trading estructurado**, que incluya metas claras y herramientas para evaluar tus resultados.
2. **Aplicar estrategias probabilísticas**, que permiten prever escenarios sin necesidad de un análisis complejo y estresante del mercado.
3. **Dominar la gestión del capital**, que te protegerá de pérdidas innecesarias y garantizará que puedas continuar operando en el largo plazo.
4. **Realizar backtesting** exhaustivo de cualquier nueva estrategia antes de arriesgar dinero real, asegurándote de que funcione en diferentes condiciones del mercado.

Lo más importante es que desarrollarás una **mentalidad ganadora**. El éxito en el trading de opciones binarias no se trata de predecir el futuro, sino de tomar decisiones basadas en probabilidades y gestión de riesgos. A medida que avances en este libro, te guiaremos a través de los fundamentos del trading brillante, desde la creación de tus propias estrategias maestras hasta la evaluación constante de tu desempeño para mejorar tus resultados.

Recuerda que, aunque las opciones binarias pueden parecer un juego de azar para algunos, los traders brillantes saben que el éxito está en la consistencia, la disciplina y las estrategias bien diseñadas. Este libro está aquí para mostrarte cómo un trader común puede transformarse en un **trader maestro** utilizando el poder de las **opciones binarias maestras**.

ADQUIERE NUESTRA SERIE DE COLECCIÓN CON LAS 18 ESTRATEGIAS PROBABILISTICAS PARA TRIUNFAR:

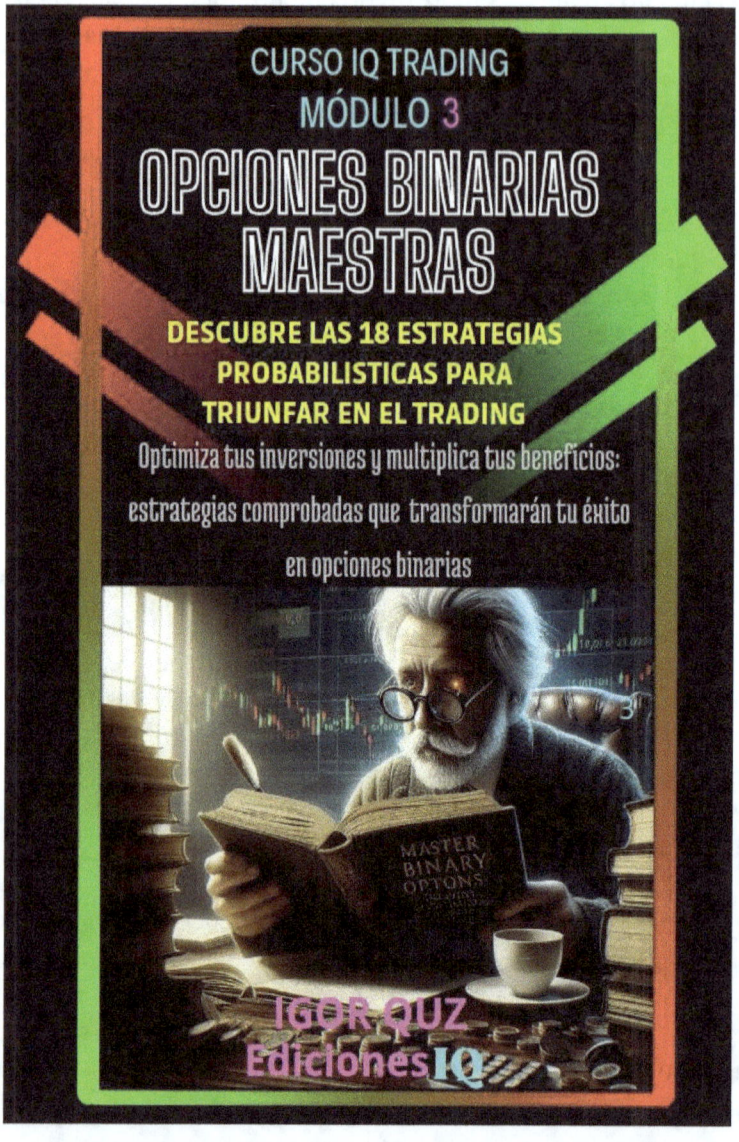

Amazon.com: "OPCIONES BINARIAS MAESTRAS" 18 ESTRATEGIAS PROBABILÍSTICAS PARA TRIUNFAR: Optimiza tus inversiones, alcanza el éxito y multiplica tus beneficios con estrategias ... de opciones binarias (Spanish Edition) eBook : Quz, Igor

CAPÍTULO 2

¿CÓMO PUEDES ELEGIR TU MEJOR ESTRATEGIA PROBABILISTICA PARA GANAR MÁS Y PERDER MENOS?

"Las estrategias de trading solas no sirven para ganar por más buenas y efectivas que parezcan, solo logran ganar con consistencia los traders que eligen y usan la mejor estrategia en el momento adecuado, en las mejores condiciones y con una excelente gestión monetaria"

No alcanza simplemente con tener estrategias efectivas como las que expongo en este libro, para ganar es absolutamente necesario corroborar cual es la estrategia que nos puede funcionar mejor en el momento que queramos operar.

Como mencione anteriormente para ganar con estrategias se trata de elegir nuestra mejor arma para la batalla, esto dependerá básicamente de nuestro análisis previo.

¿CÓMO ELEGIR NUESTRA MEJOR ESTRATEGIA PROBABILISTICA?

Para seleccionar nuestra mejor estrategia probabilística debemos analizar los porcentajes de efectividad de las estrategias probabilísticas en distintos activos de dos formas posibles:

1) **CON UN CATALOGADOR DE ESTRATEGIAS**
2) **CATALOGANDO ESTRATEGIAS EN FORMA MANUAL (No recomendado porque conlleva muchísimo tiempo).**

TESTEO DE EFECTIVIDAD DE ESTRATEGIAS

La efectividad porcentual de las estrategias probabilísticas se puede medir en forma manual o con un catalogador, este dato nos servirá para elegir nuestra mejor estrategia probabilística en el momento que vayamos a operar.

"Siempre de debe tratar de elegir la mejor estrategia probabilística que tenga una mayor probabilidad de éxito"

¿QUÉ ES UN CATALOGADOR?

Un catalogador es una herramienta que testea los resultados de las estrategias probabilísticas expuestas en este libro durante las últimas dos horas, el catalogador brinda información que sirve para ayudar a tomar mejores decisiones a los traders y decidir cuál es la mejor estrategia por utilizar en el momento que operan para tener más posibilidades de ganar que de perder.

¿CÓMO Y QUE DATOS RECOGE UN CATALOGADOR?

Las estrategias probabilísticas de este libro se analizan y ejecutan en cuadrantes de tiempo de 5 o 10 minutos utilizando en dichos cuadrantes velas japonesas de 1 minuto de duración, 5 velas japonesas (de 1 minuto) para cuadrantes de 5 minutos y 10 velas japonesas (de 1 minuto) para cuadrantes de 10 minutos de duración

¿CÓMO SE CONFORMAN LOS CUADRANTES DE TIEMPO?

En las estrategias probabilísticas, los cuadrantes de 5 minutos que se deben utilizar para analizar y decidir en qué sentido ejecutar una operación, son los que comprenden ***desde la vela terminada en el minuto 0 hasta la vela terminada en el minuto 4 (por ejemplo 15:10 hasta las 15:14 hs) y el cuadrante que comprende desde la vela terminada en el minuto 5 hasta la vela terminada en el minuto 9 (por ejemplo 15:15 hasta las 15:19 hs)***

CUADRANTES DE 5 MINUTOS POR HORA RELOJ

CUADRANTES DE 5 MINUTOS POR CADA HORA
MINUTO HORARIO TERMINADO EN 00 A MINUTO 04
MINUTO HORARIO TERMINADO EN 05 A MINUTO 09
MINUTO HORARIO TERMINADO EN 10 A MINUTO 14
MINUTO HORARIO TERMINADO EN 15 A MINUTO 19
MINUTO HORARIO TERMINADO EN 20 A MINUTO 24
MINUTO HORARIO TERMINADO EN 25 A MINUTO 29
MINUTO HORARIO TERMINADO EN 30 A MINUTO 34
MINUTO HORARIO TERMINADO EN 35 A MINUTO 39
MINUTO HORARIO TERMINADO EN 40 A MINUTO 44
MINUTO HORARIO TERMINADO EN 45 A MINUTO 49
MINUTO HORARIO TERMINADO EN 50 A MINUTO 54
MINUTO HORARIO TERMINADO EN 55 A MINUTO 59

Veamos un ejemplo de cuadrante de tiempo de 5 minutos

Aquí vemos en la foto de arriba como están divididos los cuadrantes de cinco minutos con líneas cíclicas de color amarillo, esta división con líneas cíclicas se puede hacer utilizando herramientas gráficas disponibles en las plataformas de cada Bróker.

Debajo de cada vela japonesa de un minuto vemos el horario de cada una de las velas correspondiente a los horarios para cuadrantes mencionados antes.

CUADRANTES DE 10 MINUTOS POR HORA RELOJ

Por otro lado, los cuadrantes de 10 minutos que se deben utilizar para analizar y decidir en qué sentido ejecutar una operación, son los que comprenden ***desde la vela terminada en el minuto 0 hasta la vela terminada en el minuto 9 (por ejemplo 15:10 hasta las 15:19 hs).***

CUADRANTES DE 10 MINUTOS
MINUTO HORARIO TERMINADO EN 00 A MINUTO 09
MINUTO HORARIO TERMINADO EN 10 A MINUTO 19
MINUTO HORARIO TERMINADO EN 20 A MINUTO 29
MINUTO HORARIO TERMINADO EN 30 A MINUTO 39
MINUTO HORARIO TERMINADO EN 40 A MINUTO 49
MINUTO HORARIO TERMINADO EN 50 A MINUTO 59

Veamos un ejemplo de cuadrante de tiempo de 10 minutos

En la foto de arriba como están divididos los cuadrantes de diez minutos con líneas cíclicas de ==color amarillo==, esta división con líneas cíclicas se puede hacer utilizando herramientas gráficas disponibles en las plataformas de cada Bróker.

Debajo de cada vela japonesa de un minuto vemos el horario de cada una de las velas correspondientes a los horarios mencionados antes.

CUADRANTES DE TIEMPO: ANALISIS Y OPERACIÓN

Dependiendo de la estrategia probabilística que utilicemos tanto el análisis como las operaciones se ejecutaran:

- En el mismo cuadrante de tiempo: análisis de un patrón y ejecución de operaciones.
- En dos cuadrantes distintos analizando un patrón en un cuadrante y operaciones en el cuadrante inmediato siguiente.

- En dos cuadrantes distintos analizando un patrón y comenzando a operar en el mismo cuadrante y continuando hasta un primer o segundo paso de martingala en el cuadrante inmediato siguiente.
- En algunas estrategias se usan cuadrantes de 10 minutos para analizar un patrón, abriendo operaciones en mismo cuadrante. También existen estrategias donde se analiza un patrón en un cuadrante de 10 minutos y se ejecutan las operaciones en el cuadrante de 10 minutos inmediato siguiente.

Cabe destacar que en ciertas situaciones de nuestro análisis de patrones podemos deducir que no debemos operar porque tenemos más probabilidades de perder que de ganar, lo explicaré en detalle a continuación….

EXPLICACIÓN DE LAS VELAS JAPONESAS

Las velas japonesas son una herramienta gráfica que tuvo sus inicios hace muchísimos años en Japón para mostrar gráficamente los datos del precio del activo más importante en este país en esa época: *"el arroz"*.

Cualquier activo financiero que cotice en los mercados financieros sube y baja de precio segundo a segundo, minuto a minuto, hora tras hora y día tras día.

Las velas japonesas se seleccionan por duración de tiempo, en el caso de las estrategias probabilísticas expuestas en este libro usaremos velas japonesas de 1 minuto de duración (todas tienen su inicio y cierre según cada minuto horario de una hora reloj).

¿Qué datos nos aporta una vela japonesa?

Básicamente las velas japonesas nos indican que sucedió durante ese periodo de tiempo con el precio del activo:

- Si el precio del activo subió
- Si el precio de dicho activo bajo
- Si el precio del activo no subió ni bajo y se mantuvo igual

¿Cómo identificar los movimientos de precio de un activo en una vela japonesa?

Las velas japonesas que tienen un movimiento de precio alcista suelen formar un cuerpo vertical que generalmente se identifica con color verde, indican que desde la apertura de tiempo de esa vela hasta el cierre el precio de dicho activo subió formando la vela con un movimiento ascendente.

Las velas japonesas que tienen un movimiento de precio bajista suelen forma
un cuerpo vertical que generalmente se identifica con color rojo, indican que
desde la apertura de tiempo de esa vela hasta el cierre el precio de dicho
activo bajó formando la vela con un movimiento descendente.

Las velas japonesas que no tienen cuerpo o un cuerpo muy pequeño no
indican cambios en el precio de un activo o indican cambios poco
significativos, muestran que no hubo grandes cambios en el movimiento de
precio durante el tiempo de duración de dicha vela.

Como vemos arriba se muestran tres velas doggi sin cuerpo (2da vela) o con
un cuerpo muy pequeño (como es el caso de la primer y tercer vela), ninguna
de las tres velas nos brinda información importante del movimiento de precio
de un activo financiero.

VELAS DE DECISIÓN EN ESTRATEGIAS PROBABILISTICAS

Todas las estrategias probabilísticas se fundamentan en identificar al
momento de operar, la efectividad de ciertos patrones de movimiento del
precio en base a determinadas velas predefinidas del cuadrante de 5 o 10
minutos. Esto es para ayudarnos a elegir la mejor estrategia probabilística con
una efectividad óptima en el momento que deseamos operar para determinado
instrumento financiero, esta información es vital para tener mayores
probabilidades de ganar.

Pero *¿Sirven todas las velas japonesas a la hora de tomar decisiones?*

Esta pregunta es clave y la explicare a continuación como así también que
debemos tener en cuenta a la hora de analizar las velas de decisión.

VELAS QUE "NOS SIRVEN" PARA DECIDIR OPERACIONES CON ESTRATEGIAS PROBABILISTICAS

Son todas las velas japonesas que tienen cuerpo y nos brindan información clara del movimiento alcista o bajista de la misma.

Se caracterizan por tener marcado claramente un cuerpo:

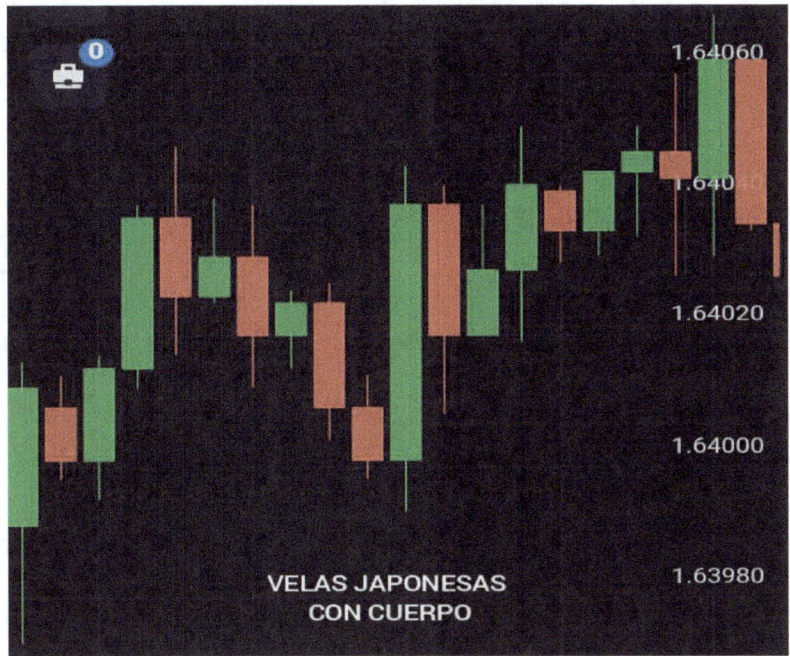

Como podemos ver en este tipo de velas se puede identificar claramente un cuerpo y movimiento de un activo durante la duración de la vela (en la foto vemos velas de un minuto de duración), en este caso puntual el color verde indica movimientos alcistas que en ese espacio de tiempo hubo más compradores que vendedores, por otro lado, el color rojo indica movimientos bajistas y que en ese espacio de tiempo hubo más vendedores que compradores.

Este tipo de velas *con cuerpo son las que necesitamos para decidir sobre nuestras estrategias probabilísticas* a la hora de elegir el sentido de nuestras operaciones ya que nos brindan información más fiable de los posibles movimientos futuros de los mercados financieros.

Es importante destacar que dependiendo del Bróker los colores para velas alcistas o bajistas pueden variar, incluso el mismo inversor los puede modificar a su gusto, aquí les hablo de los colores que se usan con mayor frecuencia y que por su mayor uso resultan mejor utilizar a los efectos de aprendizaje.

VELAS QUE "NO NOS SIRVEN" PARA DECIDIR OPERACIONES CON ESTRATEGIAS PROBABILISTICAS

Cuando dentro del cuadrante de cinco minutos en las velas que debemos analizar para decidir el movimiento de una operación (velas de decisión) hay un doggi o vela sin cuerpo estamos ante una vela de indecisión que nos impide decidir con operaciones futuras con una mayor probabilidad de éxito.

Las **_velas doggi sin cuerpo son las que no nos sirven a la hora de decidir el sentido de operaciones_** con estrategias probabilísticas.

¿CÓMO IDENTIFICAR UN DOGGI O VELA SIN CUERPO?

Las velas doggi se caracterizan por tener un precio de apertura y cierre igual o casi igual formando una vela sin un color determinado que las identifique para su movimiento porque no tiene cuerpo o tienen un cuerpo muy pequeño. Existen varios tipos de velas doggi que pueden indicar indecisión en el mercado del posible movimiento inmediato del precio, el final de una tendencia y un posible cambio de tendencia.

Las velas doggi son poco fiables y no nos brindan información certera del precio por lo cual si al analizar las velas de decisión del cuadrante nos aparece una vela doggi "**_no operaremos porque nos exponemos a una mayor probabilidad de fracaso_**".

GRÁFICO DE VELAS DOGI

Como podemos observar en todas las variables de velas doggi el precio de apertura y cierre es igual o casi igual no conformando cuerpo

o formando un cuerpo muy pequeño (verde o rojo o colores que se usen en el ancho de la vela).

Las velas Doggi no indican información de movimiento alcista o bajista por lo que *"para estrategias probabilísticas con patrones de velas sería un grave error operar cuando se presenta una vela doggi dentro de las velas que usamos para decidir"* porque al tratarse de velas de indecisión los movimientos siguientes se vuelven aún más impredecibles que de costumbre y corremos serios riesgos de perder la operación u operaciones.

ANALISIS DE VELAS DE DECISIÓN CON UN EJEMPLO REAL

Para entender mejor como hacer un análisis de las velas de decisión con una estrategia probabilística vamos a explicar una de las estrategias de este libro y a ver en fotos con un ejemplo real.

La estrategia probabilística que voy a explicarte a modo de ejemplo es el PATRÓN 3 X 1 (más adelante la analizaremos en detalle).

PATRÓN 3 X 1: *Este patrón consiste en abrir operaciones siempre a favor del color minoritario de las tres primeras velas del cuadrante, se comienza a operar en el mismo cuadrante en la quinta vela del minuto horario terminado en 4 o 9, en caso de pérdida se pueden aplicar hasta dos pasos de martingala máximo.*

La gestión monetaria por utilizar es nunca superar el 1% o 2% del capital inicial por operación con un martingala limitado de hasta 2 pasos, ni operar instrumentos que paguen menos del 87% de beneficio. Por lo tanto, con una cuenta con capital inicial de $200 dólares podemos operar así:

- *Primera operación con 1 dólar (0.5% del capital inicial)*
- *En caso de pérdida podemos hacer una segunda operación con $2 dólares (primer paso de martingala con 1% del capital inicial).*
- *En caso de una nueva pérdida podemos hacer una tercer y última operación con $4 dólares (segundo paso de martingala con el 2% del capital inicial).*
- *En caso de perder no hacemos más pasos de martingala*

PATRON 3 X 1 EN FOTO

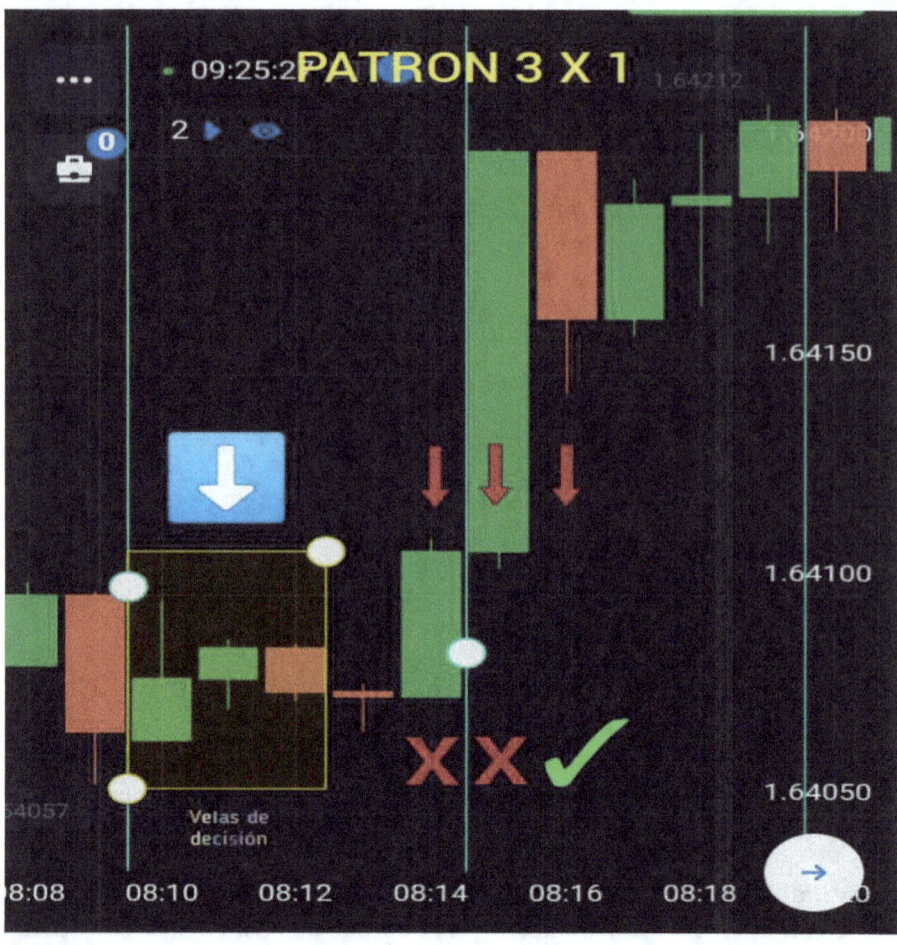

PATRON 3 X 1 EXPLICADO EN DETALLE

- *Según nuestro análisis de cuadrante horario de la foto de arriba desde las 08:10 a 08:14 deducimos según las tres primeras velas de decisión para el patrón 3 x 1 que debemos abrir operaciones PUT o baja en los minutos 08:14 con el 0,5% del capital (a un minuto de vencimiento), en caso de pérdida abriremos una nueva operación a las 08:15 con el 1% del capital (a un minuto de vencimiento), en caso de una nueva pérdida abriremos una tercera y última operación a las 08:16 con un 2% del capital inicial (a un minuto de vencimiento). Operaremos con este análisis hasta ganar o perder en un segundo y último paso de martingala con estricta disciplina.*

- *Inicio de la <u>primera operación</u> usando el 0,5% del capital: Justo al inicio de la vela correspondiente a las 08:14 en la QUINTA VELA DEL CUADRANTE (conviene clickear justo a las 08:13:59 para abrir la operación exacta). Ir observando si vamos perdiendo la primera operación para abrir o no una nueva en un primer paso de martingala, ajustar el posible capital a usar al 1%.*
- *Inicio de una <u>posible segunda operación</u> con primer paso de martingala usando el 1% del capital en la PRIMER VELA DEL CUADRANTE INMEDIATO SIGUIENTE (solo en caso de haber perdido la primera operación): Justo al inicio de la vela correspondiente a las 08:15 (conviene clickear justo a las 08:14:59 para abrir la operación exacta) Ir observando si vamos perdiendo la segunda operación para abrir o no una nueva en un segundo y posible último paso de martingala, ajustar el posible capital a usar al 2%.*
- *Inicio de una <u>posible tercera operación</u> con segundo y último paso de martingala usando el 2% del capital en la SEGUNDA VELA DEL CUADRANTE INMEDIATO SIGUIENTE (solo en caso de haber perdido las dos operaciones previas): Justo al inicio de la vela correspondiente a las 08:16 (conviene clickear justo a las 08:15:59 para abrir la operación exacta).*
- *En caso de ganar cualquiera de las tres operaciones volvemos a hacer nuevo análisis para una posible nueva operación.*
- *En caso de perder en un segundo paso de martingala no se arriesga más capital aceptando la perdida y operando nuevamente con un nuevo análisis volviendo a utilizar el capital correspondiente a nuestras reglas de gestión monetaria: 0.50%, 1% y 2%.*

HERRAMIENTAS GRÁFICAS Y OPERATIVA DEL PATRÓN 3X1

Arriba vimos el patrón 3 x 1 y como analizar las velas de decisión:

- Vemos que el gráfico está dividido por cuadrantes de 5 minutos con *líneas cíclicas* azules. (Herramienta disponible en el bróker).
- Dichos cuadrantes abarcan minutos horarios terminados en 0 a 4 (08:10 a 08:14) y 5 a 9 (08:15 a 08:19).
- Para la estrategia patrón 3 x 1 las tres primeras velas son fundamentales para decidir hacia donde abrir operaciones *(velas de decisión)* por eso están sombreadas con un *rectángulo* amarillo (herramienta disponible en el Bróker)
- Del análisis de las velas de decisión observamos que todas tienen cuerpo y son válidas para decidir hacia donde abriremos futuras operaciones según el patrón 3 x 1. El patrón 3 x 1 dice que hay que abrir operaciones a favor del color y sentido minoritario de las tres primeras velas del cuadrante de análisis, en este caso el color minoritario es rojo o baja, por lo cual nuestra decisión en base a este análisis sería abrir siempre operaciones *PUT, BAJA o ABAJO.*
- Abriríamos dichas operaciones con un máximo de hasta tres pasos de martingala hasta ganar o perder en una tercera y última operación, gestionando el capital tal cual dije antes: primera operación 0,5% del capital inicial, segunda operación 1% del capital inicial y tercera operación 2% del capital inicial. Las tres operaciones siempre en el mismo sentido que nos indicó el análisis de nuestra estrategia, en este caso sería abrir operaciones *PUT, BAJA O ABAJO.*
- En caso de éxito en cualquiera de los pasos de martingala de la operación podemos volver a operar repitiendo todo el procedimiento de análisis y decisión en un nuevo cuadrante.
- En caso de pérdida en cualquiera de los pasos de martingala no nos salimos de nuestra regla de gestión monetaria del máximo por operación del 1 o 2% del capital inicial por operación.
- Como vemos en la foto operando justo a las 08:14 hs a 1 minuto de vencimiento hacia *ABAJO* con un 0,5% del capital hubiéramos perdido (X ROJA)
- En una segunda operación justo a las 08:15 hs a 1 minuto de vencimiento hacia *ABAJO* con un 1% del capital hubiéramos perdido. (X ROJA)
- En una tercera y última operación justo a las 08:16 hs a 1 minuto de vencimiento hacia *ABAJO* con un 2% del capital hubiéramos ganado recuperándonos de las dos perdidas previas y obteniendo una ganancia (TILDE VERDE).

VELAS DE DECISIÓN QUE NOS INDICAN NO OPERAR

Como mencione antes si dentro de alguna de las velas de decisión hay una vela doggi sin cuerpo o con cuerpo muy pequeño no hay que operar ya que son velas de indecisión que no aportan información fiable para decidir operaciones y corremos serios riesgos de perder más de lo que ganamos.

Analicemos en el siguiente cuadrante del patrón 3 x 1:

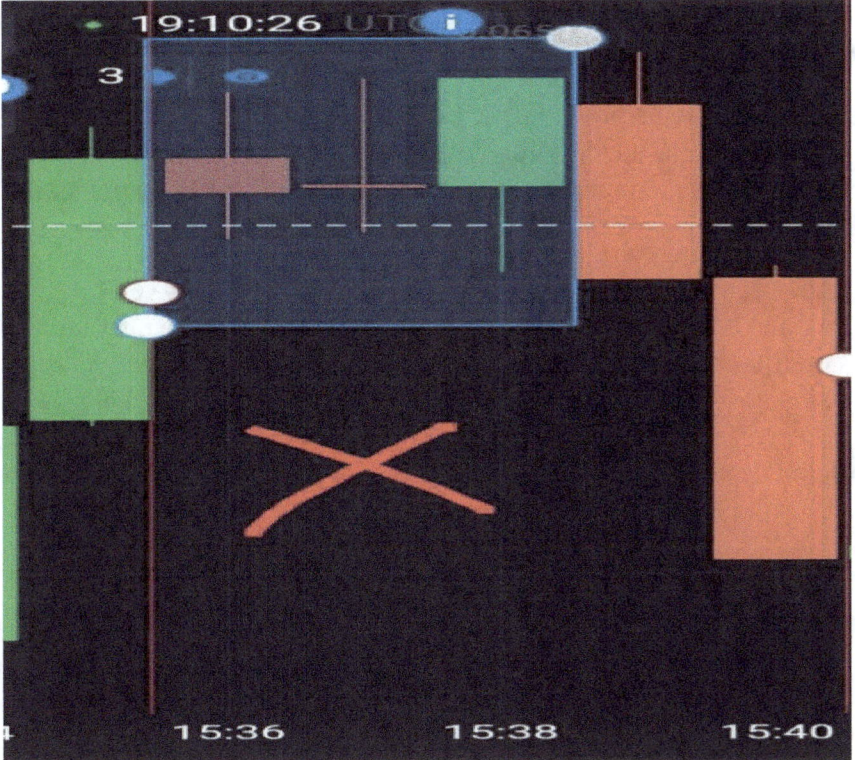

Como vemos en este cuadrante las tres velas de decisión están sombreadas en un rectángulo azul y vemos dos velas con cuerpo (una roja y una verde) y un doggi o vela con cuerpo muy pequeño apenas visible rojo.

En este caso *"al encontrarnos con una vela doggi dentro de las velas de decisión no debemos operar bajo ningún punto de vista en el siguiente cuadrante"*.

¿Por qué no debemos operar?

Porque esa vela doggi no aporta información fiable y no podemos determinar en nuestro análisis cual fue el color minoritario en las tres velas para decidir futuras operaciones.

Corremos serios riesgos de perder.

Recuerda:

"Nunca decidir operaciones con estrategias probabilísticas usando doggis o velas de cuerpo pequeño en nuestro análisis"

Cualquier estrategia probabilística se basa en encontrar dentro de determinadas velas de decisión cual será el sentido de nuestras operaciones, si operaremos con opciones **CALL O SUBE** u opciones **PUT O BAJA**.

Cuando usamos estrategias probabilísticas y dentro de las velas de decisión existe un doggi o vela sin cuerpo no debemos operar ya que nos estaríamos saliendo de las reglas de nuestra estrategia, las velas de decisión nos indican hacia donde debemos abrir futuras operaciones y ante la presencia de un doggi o vela sin cuerpo debemos mantener una posición de alerta ya que continuar operando significa operar en base al azar y exponernos a una mayor probabilidad de resultados negativos.

Existe una línea muy fina entre el éxito y el fracaso y en general los que ganan son los traders que ponen las posibilidades a su favor inclinando la balanza a una mayor probabilidad de éxito.

No te confundas:

"No es tan solo una decisión más"

"Es respetar las reglas"

"Es mantener la disciplina"

"Es seguir el plan de trading con sus reglas y respetarlo con estricta disciplina"

"La disciplina del trader es fundamental a la hora de lograr alcanzar la rentabilidad"

¿CÓMO ENCONTRAR UN CATALOGADOR EN LA RED?

Existen varios tipos de catalogadores en la web gratis o de pago que se pueden probar previamente sin gastar un dólar.

Existen catalogadores totalmente gratuitos y otros parcialmente gratuitos porque las versiones que figuran en la red muestran un testeo parcial solo de algún par de divisas y para acceder a cualquier tipo de par y a todas las funciones tienen su versión de pago, económica para los beneficios potenciales que se puede generar con ellas ya que facilita la elección de la mejor estrategia en el momento adecuado. Lo bueno es que se puede probar una versión totalmente gratuita o versiones parcialmente gratuitas para evaluar previamente los resultados y decidir si es conveniente o no usar una versión completa de pago.

Aclaro que no tengo relación ni personal, ni económica, ni beneficio alguno con los desarrolladores de este tipo de herramientas, simplemente son herramientas que yo uso con excelentes resultados y en la actualidad existen una gran cantidad de traders brasileros que también las usan con muy buenos resultados. Yo hablo desde mi experiencia personal porque he probado el catalogador tanto de pago como gratuito primero en la versión demo y luego con dinero real consiguiendo excelentes resultados.

Por otro lado, cada Trader opera en forma distinta y los buenos resultados de otros traders no garantizan buenos resultados para otros, es fundamental ser responsables y probar las herramientas disponibles previamente un número de operaciones prudencial y luego decidir si es conveniente o no operar con dinero real.

Siempre que sale algún tipo de herramienta de trading para operar *"Cada uno debe investigarla por su cuenta sin colocar dinero real y no tomar como expectativa los resultados de otros traders sin antes tomar contacto con la experiencia propia y real". "En el trading no existen garantías de buenos resultados, cada vez que se opera con dinero real existen dos posibilidades: Ganar o perder".* Les vuelvo a aclarar que el plan de trading, la gestión monetaria, los stop de ganancias, los stop de perdidas, las estrategias y las herramientas *"son las variables que bien organizadas ayudan a tener mayores posibilidades de ganar que de perder".*

CATALOGADOR GRATUITO

Al día de la fecha existe un catalogador totalmente gratuito en la red en el siguiente enlace

SIO | Catalogador e Filtragem de Sinais (siofiltrosinais.com)

Este catalogador también está disponible para teléfonos ANDROID-IOS buscando en el playstore la aplicación:

SIO / Sinais & Filtros

Cabe destacar que esta herramienta tiene distintas funciones disponibles además del catalogador de estrategias:

- LISTA DE SEÑALES
- CATALOGADOR DE SEÑALES
- ESTRATEGIAS PROBABILISTICAS
- SEÑALES DE PRUEBA
- TENDENCIAS
- NOTICIAS
- ZONA DE RIESGO
- LISTA DE CONFLUENCIAS
- ROBOTS
- TENDENCIAS DE TERMOMETRO
- SEGUIMIENTO DE TENDENCIAS
- TERMOMETRO DE CRIPTOMONEDAS

EN QUE CONSISTEN LAS ESTRATEGIAS PROBABILISTICAS

Las estrategias probabilísticas consisten en detectar patrones de movimiento del precio de un activo con mayor probabilidad de suceder

¿CÓMO USAR EL CATALOGADOR SIO SINAIS & FILTROS?

Una vez descargado el catalogador se ingresa al menú

Se selecciona la opción estrategias para ver la efectividad de estas en tiempo real.

El catalogador permite visualizar la efectividad de estrategias durante las últimas dos horas para poder elegir la posible mejor estrategia probabilística en el momento que vayamos a operar.

Recordar siempre operar pares con beneficios no menores al 87%.

El catalogador nos permite observar la efectividad de las estrategias probabilísticas en distintos pares de monedas, dándonos la posibilidad de elegir entre múltiples opciones, considerando siempre elegir instrumentos que paguen al menos 87% y estrategias que tengan al menos un 100% de efectividad.

Por otro lado, es importante tener en cuenta el horario en que vamos a operar ya que no es lo mismo operar con mercados abiertos que en mercados cerrados (horario OTC).

Los mercados OTC son mercados extrabursátiles donde los Bróker replican la cotización de activos y pares de divisas cuando los mercados están cerrados, fuera del horario semanal de funcionamiento de las bolsas de valores más importantes e incluso durante los fines de semana. Lo bueno es que cada uno puede testear el uso del catalogador y selección de mejores estrategias a distintas horas e incluso durante el horario de mercado OTC extrabursátil, corroborar en forma gratuita el funcionamiento y uso del catalogador en mercados abiertos y en horarios OTC con diversidad de Bróker.

¿CÓMO USAR CORRECTAMENTE EL CATALOGADOR?

El uso adecuado del catalogador consiste en seleccionar la estrategia probabilística que viene funcionando mejor durante las últimas dos horas en el par o divisa que vayamos a operar.

Básicamente la información del catalogador es disponer de un recurso que nos permite seleccionar nuestra mejor arma (estrategia) para operar en el mercado en el momento adecuado, teniendo mejores y mayores posibilidades de ganar.
Ahora debemos deducir cual será la mejor estrategia posible para utilizar manualmente o por medio del catalogador. Por ejemplo: suponiendo que corroboramos las condiciones anteriores, entonces al momento de operar debemos buscar nuestra mejor estrategia para operar y el catalogador nos muestra los siguientes resultados:

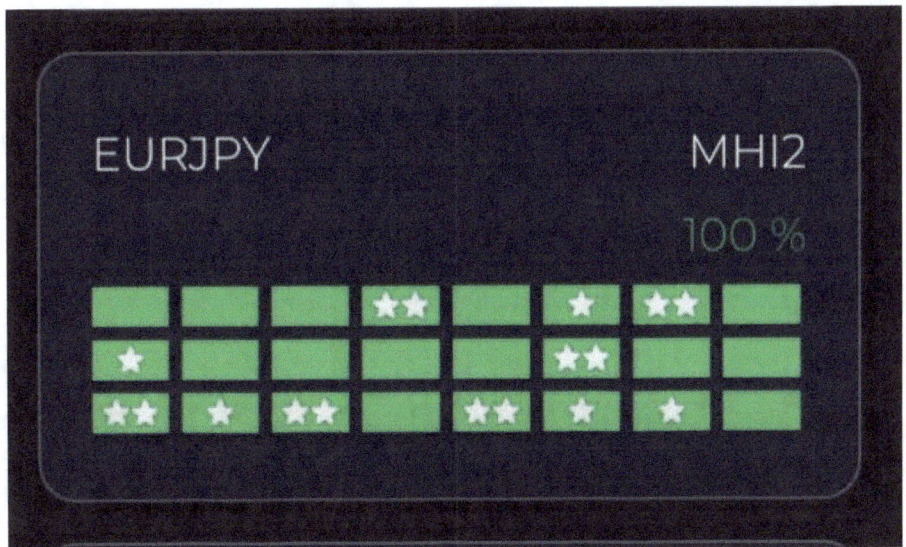

En la foto anterior el catalogador nos indica que la estrategia MHI 2 tuvo un 100% de efectividad durante las últimas dos horas por lo cual indica una buena oportunidad para operar esa estrategia el par EUR-JPY.

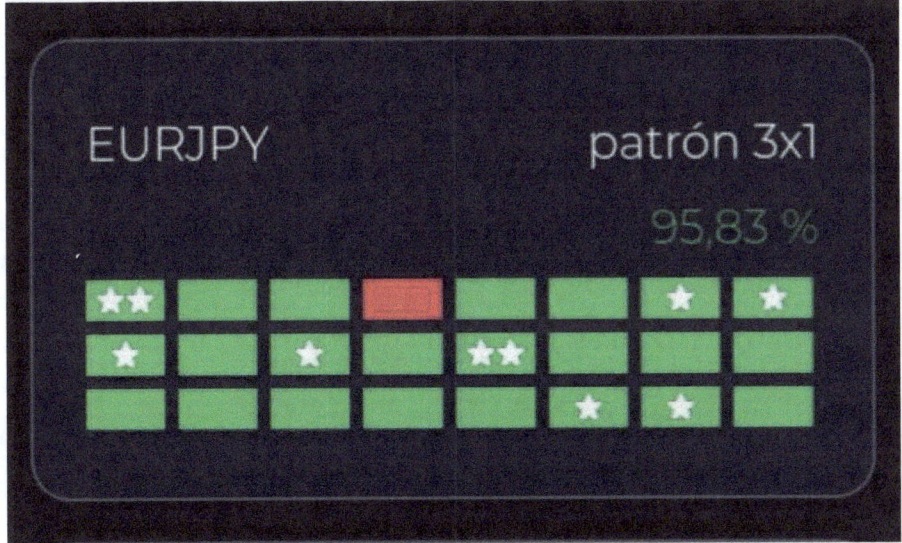

En esta segunda foto el catalogador nos muestra que la estrategia PATRÓN 3 x 1 ha tenido un 95,83% de efectividad durante las últimas dos horas con el par EUR-JPY.

Si nos guiamos por la efectividad de las estrategias probabilísticas podemos deducir que en el mismo día y horario que decidimos operar, analizando los resultados de estrategias de las últimas dos horas la mejor opción a utilizar seria la estrategia probabilística MHI 2 en el par EUR-JPY ya que tiene un 100% de efectividad.

¿CÓMO LEER TODA LA INFORMACIÓN DEL CATALOGADOR?

El catalogador nos muestra mucha más información que el porcentaje de aciertos de las estrategias. Analicemos en detalle los datos:

PAR: GBP-JPY (INDICADO ARRIBA A LA IZQUIERDA)

ESTRATEGIA: MHI2 (INDICADO ARRIBA A LA DERECHA)

EFECTIVIDAD DE ESTRATEGIA EN LAS ÚLTIMAS DOS HORAS: 95.65% (INDICADO DEBAJO DE LA ESTRATEGIA)

BLOQUE DE 5 MINUTOS: CADA RECTANGULO REPRESENTA UN BLOQUE DE TIEMPO DE 5 MINUTOS DEL PAR GBP-JPY (5 VELAS JAPONESAS DE UN MINUTO CADA UNA).
LOS CUADRANTES DE TIEMPO DE CINCO MINUTOS SE INDICAN TOMANDO COMO REFERENCIA EL MINUTO TERMINADO EN 0 AL MINUTO TERMINADO EN 4 Y EL MINUTO TERMINADO EN 5 AL MINUTO TERMINADO EN 9.

POR EJEMPLO: 10:10 A 10:14 AM   O   23:15 A 23:19 PM

RECTANGULO VIOLETA: NOS INDICA QUE EN ESE CUADRANTE DE 5 MINUTOS EN ALGUNA DE LAS VELAS JAPONESAS DE UN MINUTO (DE DECISIÓN) HUBO UN DOGI O VELA SIN CUERPO, RECUERDA QUE CUANDO SUCEDE ESTO "NO SE DEBE OPERAR EN EL SIGUIENTE CUADRANTE".

RECTANGULO ROJO: NOS INDICA QUE EN ESE CUADRANTE DE 5 MINUTOS DEFINITIVAMENTE SE PERDIO CON CUALQUIER TIPO DE GESTION DE CAPITAL: SIN MARTINGALA O CON MARTINGALA LIMITADA DE 1 Y 2 PASOS.

RECTANGULO VERDE: NOS INDICA QUE EN ESE CUADRANTE DE 5 MINUTOS SE GANO EN LA PRIMER OPERACION SIN USO DE NINGUN PASO DE MARTINGALA.

RECTANGULO VERDE CON UNA **ESTRELLA BLANCA**: NOS INDICA QUE EN ESE CUADRANTE DE 5 MINUTOS SE GANO EN LA SEGUNDA OPERACION EN UN PRIMER PASO DE MARTINGALA.

RECTANGULO VERDE **CON** DOS **ESTRELLAS BLANCAS**: NOS INDICA QUE EN ESE CUADRANTE DE 5 MINUTOS SE GANO EN UNA TERCERA OPERACION EN UN SEGUNDO PASO DE MARTINGALA.

CONTEO TOTAL DE RESULTADOS (según foto previa):

1 RECTANGULO VIOLETA (No se debió operar en dicho cuadrante por mostrar un doggi o vela sin cuerpo en alguna de las tres últimas velas del cuadrante previo).

1 RECTANGULO ROJO (Se hubiese perdido la operación definitivamente aun en los tres pasos de martingala)

14 RECTANGULOS VERDES (14 Operaciones ganadas en el primer paso de martingala)

4 RECTANGULOS VERDES CON UNA ESTRELLA BLANCA (4 Operaciones ganadas en un primer paso de martingala)

4 RECTANGULOS VERDES CON DOS ESTRELLAS BLANCAS (4 Operaciones ganadas en un segundo paso de martingala)

ESTABLECER UNA ESTADISTICA DE RESULTADOS NOS PERMITIRÁ HACER UNA MEJOR ELECCIÓN DE NUESTRA MEJOR ESTRATEGIA Y GESTIÓN MONETARIA.

ESTADISTICA DE EFECTIVIDAD PARA ELEGIR NUESTRA MEJOR ESTRATEGIA EN EL MEJOR MOMENTO

Las estrategias no tienen la misma efectividad en todo momento ya que el mercado es muy cambiante, si bien las estrategias mostradas en este libro son de alta efectividad esto no quiere decir que simplemente se escoja cualquier estrategia para ganar.

Para tener una mayor probabilidad de ganar con las estrategias de este libro se deben tomar unos minutos para analizar ya sea manualmente o con un catalogador que estrategia nos puede dar mejores resultados para operar en el momento. En base a nuestro análisis debemos usar los siguientes parámetros para decidir nuestra posible mejor estrategia y gestión monetaria:

EFECTIVIDAD RECOMENDADA PARA ESTRATEGIAS SIN MARTINGALA

ESTRATEGIAS SIN MARTINGALA	MENOS DE 60% DE EFECTIVIDAD	60% O MÁS DE EFECTIVIDAD
CUADRANTES SOLO VERDES SIN PUNTOS (SIN USAR MARTINGALA)	MENOS DE 15 CUADRANTES	15 O MÁS CUADRANTES
OPERACIONES GANADAS ULTIMAS DOS HORAS SIN MARTINGALA	MENOS DE 15 OPERACIONES	15 O MÁS OPERACIONES
INDICACIÓN RECOMENDADA	NO OPERAR SIN MARTINGALA	OPERAR SIN MARTINGALA

PUNTO CLAVE: Para usar una estrategia sin martingala es necesario que la estrategia a utilizar tenga al menos un 60% de efectividad o más, para esto podemos analizar el catalogador o la efectividad porcentual de las estrategias teniendo en cuenta lo siguiente:

- Ante menos de 15 operaciones ganadas sin martingala de las últimas 24 se recomienda no operar sin martingala.
- Ante más de 15 operaciones ganadas sin martingala de las últimas 24 se podría operar sin martingala.

EFECTIVIDAD RECOMENDADA PARA ESTRATEGIAS CON HASTA UN SOLO PASO DE MARTINGALA

ESTRATEGIAS CON UN SOLO PASO DE MARTINGALA	MENOS DE 80% DE EFECTIVIDAD	80% O MÁS DE EFECTIVIDAD
CUADRANTES VERDES Y VERDES CON UNA SOLA ESTRELLA BLANCA (HASTA UN PASO DE MARTINGALA)	MENOS DE 19 CUADRANTES	19 O MÁS CUADRANTES
OPERACIONES GANADAS EN LAS ULTIMAS 2 HORAS HASTA UN PASO DE MARTINGALA	MENOS DE 19 OPERACIONES	19 O MÁS OPERACIONES
INDICACIÓN RECOMENDADA	NO OPERAR CON UN PASO DE MARTINGALA	OPERAR CON HASTA UN PASO DE MARTINGALA

PUNTO CLAVE: Para usar una estrategia con hasta un paso de martingala es necesario que la estrategia a utilizar tenga un 80% de efectividad o más, para esto podemos analizar el catalogador o la efectividad porcentual de las estrategias teniendo en cuenta lo siguiente:

- Ante menos de 19 operaciones ganadas de las últimas 24 se recomienda no operar con hasta un paso de martingala.
- Ante 19 o más operaciones ganadas de las últimas 24 se podría operar con hasta un paso de martingala.

EFECTIVIDAD RECOMENDADA PARA ESTRATEGIAS CON HASTA DOS PASOS DE MARTINGALA

ESTRATEGIAS CON HASTA DOS PASOS DE MARTINGALA	MENOS DE 100% DE EFECTIVIDAD	100% DE EFECTIVIDAD
CUADRANTES VERDES CON HASTA DOS ESTRELLAS BLANCAS (HASTA DOS PASOS DE MARTINGALA)	UN CUADRANTE ROJO O MÁS DE LOS ÚLTIMOS 24	NINGÚN CUADRANTE ROJO DE LOS ÚLTIMOS 24
OPERACIONES GANADAS EN LAS ULTIMAS DOS HORAS CON HASTA DOS PASOS DE MARTINGALA	TODAS GANADAS MENOS UNA O MAS PERDIDAS	TODAS LAS OPERACIONES GANADAS
OPERACIONES PERDIDAS EN LAS ULTIMAS DOS HORAS CON HASTA DOS PASOS DE MARTINGALA	UNA O MÁS OPERACIONES PÉRDIDAS	NINGUNA OPERACIÓN PÉRDIDA
INDICACIÓN RECOMENDADA	NO OPERAR CON DOS PASOS DE MARTINGALA	OPERAR CON HASTA DOS PASOS DE MARTINGALA

PUNTO CLAVE: Para usar una estrategia con hasta dos pasos de martingala es necesario que la estrategia a utilizar tenga un 100% de efectividad en las últimas dos horas, para esto podemos analizar el catalogador o la efectividad porcentual y los siguientes datos:

- Ante un cuadrante rojo (perdedor) de los últimos 24 se recomienda no operar con hasta dos pasos de martingala. Si observamos muchos rectángulos neutros (violetas, se recomienda no operar por la presencia de doggis), especialmente en los últimos rectángulos del catalogador ya que nos puede estar señalando una marcada indecisión y mayores probabilidades de perder. (Un rectángulo rojo de los últimos 24 o 3-4 rectángulos violetas de los últimos 6)
- Ante 20 o más operaciones ganadas de las ultimas 24, sin operaciones pérdidas se recomienda operar con hasta dos pasos de martingala. (pueden existir hasta 3-4 rectángulos violetas, siempre y cuando no estén ubicados entre los últimos 6).

ESTADISTICAS DE EFECTIVIDAD PARA SELECCIONAR NUESTRA MEJOR GESTIÓN MONETARIA POSIBLE

A continuación, expongo un cuadro resumen para seleccionar la mejor estrategia y gestión monetaria según los resultados de efectividad teniendo en cuenta los siguientes puntos importantes:

- Cantidad de operaciones ganadas
- Porcentajes de operaciones ganadas

TIPO DE GESTION MONETARIA	CANTIDAD DE OPERACIONES GANADAS	PORCENTAJE DE EFECTIVIDAD
ESTRATEGIAS SIN MARTINGALA	HASTA 15 OPERACIONES GANADAS DE LAS ULTIMAS 24 O HASTA 8 OPERACIONES GANADAS DE LAS ULTIMAS 12 (CUADRANTES DE 5 MINUTOS)	AL MENOS UN 60% DE EFECTIVIDAD
ESTATEGIAS CON HASTA UN PASO DE MARTINGALA	HASTA 19 OPERACIONES GANADAS DE LAS ULTIMAS 24 O HASTA 10 OPERACIONES GANADAS DE LAS ULTIMAS 12 (CUADRANTES DE 5 MINUTOS)	AL MENOS UN 80% DE EFECTIVIDAD
ESTRATEGIAS CON HASTA DOS PASOS DE MARTINGALA	HASTA 20 OPERACIONES GANADAS DE LAS ULTIMAS 24 SIN OPERACIONES PERDIDAS (PUEDEN HABER 3-4 RECTANGULOS NEUTROS O VIOLETA, SIEMPRE Y CUANDO NO ESTEN DENTRO DE LOS ÚLTIMOS 6) O HASTA 10 OPERACIONES GANADAS DE LAS ULTIMAS 12 SIN OPERACIONES PERDIDAS (PUEDE HABER 1 A 2 RECTANGULOS NEUTROS O DE COLOR VIOLETA)	AL MENOS UN 100% DE EFECTIVIDAD

CUANDO HABLO DE OPERACIONES GANADAS ME REFIERO A UNA OPERACIÓN GANADA POR CADA CUADRANTE DE CINCO MINUTOS COMO HE EXPLICADO ANTERIORMENTE, CONSIDERANDO EL TIPO DE GESTIÓN MONETARIA QUE USEMOS: SIN MARTINGALA, CON HASTA UN PASO DE MARTINGALA O CON HASTA DOS PASOS DE MARTINGALA.

SELECCIONAR NUESTRA MEJOR ESTRATEGIA PROBABILISTICA SEGÚN LA EFECTIVIDAD

La efectividad porcentual de un catalogador de estrategias probabilísticas nos da una referencia de que posibilidades tenemos de ganar o perder con esa estrategia, *"esto no quiere decir que vayamos a ganar siempre, pero sí que tenemos grandes posibilidades de ganar cuando usamos estrategias que tienen un 100% de efectividad en las últimas dos horas"*.

¿PORQUE LIMITAR LAS OPERACIONES GANADORAS?

Todas las estrategias ganan y pierden, por lo que usando una estrategia con 100% de efectividad durante las últimas dos horas debemos operar con un objetivo razonable de ganancias que no exceda las cuatro o cinco operaciones ganadas para dejar de operar y tomar un descanso razonable hasta nuestra próxima sesión de trading. Exponerse al mercado un tiempo excesivo puede ser perjudicial y hacernos perder en una operación los beneficios que pudimos generar en una buena sesión de trading, siempre hay que tener en cuenta que *"una buena racha de operaciones ganadas se puede cortar inevitablemente con una operación pérdida",* por lo tanto, siempre es mejor asegurar ganancias y no exponerse a posibles pérdidas por exposición excesiva al mercado.

¿PORQUE NO USAR MÁS DE DOS PASOS DE MARTINGALA?

Simplemente porque usar solo hasta dos pasos de martingala nos permitirá respetar nuestros límites de gestión del dinero iniciando nuestra primera operación con solo el 0,5% de nuestra cuenta, un 1% en un primer paso de martingala y no usando jamás más del 2% por operación en un segundo paso de martingala. *"Exceder los límites de capital por operación es exponer la cuenta a grandes pérdidas que pueden ser irrecuperables, el primer objetivo de los Traders rentables es cuidar el capital para hacerlo crecer poco a poco en forma consistente."*

GESTION MONETARIA EN ESTRATEGIAS PROBABILISTICAS

Es fundamental aplicar siempre en nuestra estrategia una gestión monetaria con la regla 1%-2%: "No usar nunca un capital mayor al 1% o 2% de nuestro capital por operación.

Existen tres posibles alternativas de gestión monetaria según nuestra forma de operar:

1) Operar sin martingala: hacer una única operación por cuadrante con hasta un 2% máximo del capital por operación. En caso de ganar o perder se va a esperar al próximo cuadrante para decidir y abrir una nueva operación.

2) Operar con un solo paso de martingala: hacer un máximo de dos operaciones por cuadrante usando del 0,5% al 1% del capital en el primer paso o primera operación, en caso de perder en la primera operación abriremos una segunda operación con el doble de capital usando entre el 1% y el 2% del capital.
En caso de ganancia o pérdida siempre se debe respetar la regla del 1-2% y no hacer más pasos de martingala. (Por ejemplo: si nuestro capital son 100 dólares la primera operación podemos hacerla con un máximo del 1% del capital equivalente a $1 dólar, si perdemos haremos una segunda operación con el doble de capital que en este caso sería el 2% o unos $2 dólares). Otra opción más conservadora es usar el 0,5% del capital inicial en una primera operación y en caso de pérdida un 1% del capital inicial en un primer paso de martingala.

3) Operar con hasta dos pasos de martingala: hacer un máximo de tres operaciones por cuadrante usando máximo el 0.5% del capital en el primer paso o primera operación, en caso de perder en la primera operación abriremos una segunda operación con el doble de capital usando como máximo el 1% del capital.
En caso de volver a perder en el primer paso de martingala abriremos una nueva operación o segundo paso de martingala duplicando el capital, usando como máximo el 2% del capital

En caso de ganancia o pérdida siempre se debe respetar la regla del 1-2% y no hacer más pasos de martingala. (Por ejemplo: si nuestro capital son 100 dólares la primera operación podemos hacerla con un máximo del 0.50% del capital equivalentes a $0.50 dólar, si perdemos haremos una segunda operación con el doble de capital que en este caso sería el 1% o un $1 dólar, si volvemos a perder hacemos un segundo paso de martingala con el 2% del capital, en este caso unos $2 dólares).

EJEMPLO DE GESTIÓN MONETARIA CON UN CAPITAL INICIAL DE $200 DÓLARES

CUADRANTE	PRIMER OPERACIÓN CON 0,5% DEL CAPITAL INICIAL	POSIBLE SEGUNDA OPERACIÓN (en caso de perder 1er operación) Con 1% del capital	POSIBLE TERCERA OPERACIÓN (en caso de perder 1er Y 2da operación) Con 2% del capital
MINUTO 00 A MINUTO 04	MINUTO 05 EJEMPLO $1	MINUTO 06 EJEMPLO $2	MINUTO 07 EJEMPLO $4
MINUTO 05 A MINUTO 09	MINUTO 10 EJEMPLO $1	MINUTO 11 EJEMPLO $2	MINUTO 12 EJEMPLO $4
MINUTO 10 A MINUTO 14	MINUTO 15 EJEMPLO $1	MINUTO 16 EJEMPLO $ 2	MINUTO 17 EJEMPLO $4
MINUTO 15 A MINUTO 19	MINUTO 20 EJEMPLO $1	MINUTO 21 EJEMPLO $2	MINUTO 22 EJEMPLO $4
MINUTO 20 A MINUTO 24	MINUTO 25 EJEMPLO $1	MINUTO 26 EJEMPLO $2	MINUTO 27 EJEMPLO $4
MINUTO 25 A MINUTO 29	MINUTO 30 EJEMPLO $1	MINUTO 31 EJEMPLO $2	MINUTO 32 EJEMPLO $4
MINUTO 30 A MINUTO 34	MINUTO 35 EJEMPLO $1	MINUTO 36 EJEMPLO $2	MINUTO 37 EJEMPLO $4
MINUTO 35 A MINUTO 39	MINUTO 40 EJEMPLO $1	MINUTO 41 EJEMPLO $2	MINUTO 42 EJEMPLO $4
MINUTO 40 A MINUTO 44	MINUTO 45 EJEMPLO $1	MINUTO 46 EJEMPLO $2	MINUTO 47 EJEMPLO $4
MINUTO 45 A MINUTO 49	MINUTO 50 EJEMPLO $1	MINUTO 51 EJEMPLO $2	MINUTO 52 EJEMPLO $4
MINUTO 50 A MINUTO 54	MINUTO 55 EJEMPLO $1	MINUTO 56 EJEMPLO $2	MINUTO 57 EJEMPLO $4
MINUTO 55 A MINUTO 59	MINUTO 00 EJEMPLO $1	MINUTO 01 EJEMPLO $2	MINUTO 02 EJEMPLO $4

¿CÓMO CALCULAR LA ESPERANZA MATEMÁTICA DE LAS ESTRATEGIAS PROBABIISTICAS?

Calcular la esperanza matemática de las estrategias probabilísticas no es igual al cálculo de cualquier otra estrategia debido a que depende básicamente del tipo de gestión monetaria que utilicemos para las operaciones.

ESPERANZA MATEMÁTICA PARA ESTRATEGIAS PROBABILISTICAS SIN MARTINGALA

Suponiendo que usamos estrategias probabilísticas sin ningún tipo de martingala, para poder calcular la esperanza matemática de nuestra estrategia necesitamos en principio conocer dos datos:

- Porcentaje de aciertos en estrategias probabilísticas o mejor dicho el porcentaje de veces que ganamos.
- Ratio beneficio riesgo o mejor dicho lo que se gana en promedio cuando se gana y lo que se pierde en promedio cuando se pierde con estrategias probabilísticas

La fórmula de la esperanza matemática se calcula de la siguiente forma:

EM = % de aciertos x Beneficio promedio - % fallos x Perdida promedio

Pongamos un ejemplo para entender mejor:

Calculemos la esperanza matemática teniendo en cuenta que tenemos un 56% de efectividad usando estrategias probabilísticas y abrimos operaciones con $10 dólares de capital usando activos que pagan 90% o $9 dólares por operación ganada.

- Tenemos un 56% de posibilidades de ganar y un 44% de posibilidades de perder.
- Cada vez que ganamos, ganamos $9 dólares y cada vez que perdemos, perdemos $10 dólares.

¿Cómo se calcularía la esperanza matemática según este ejemplo?

Analicemos la fórmula que se debe usar para hacer el cálculo

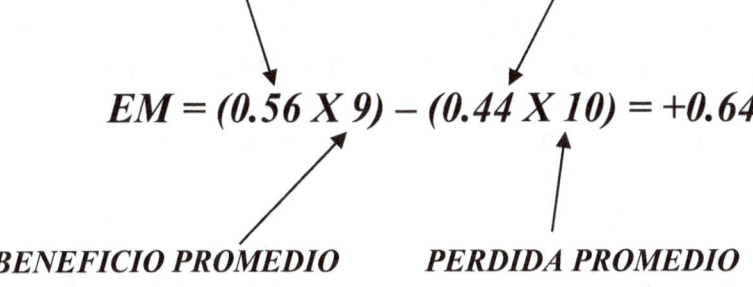

PORCENTAJE DE ACIERTOS   PORCENTAJE DE FALLOS

$$EM = (0.56 \times 9) - (0.44 \times 10) = +0.64$$

BENEFICIO PROMEDIO   PERDIDA PROMEDIO

Como podemos observar según este ejemplo las estrategias probabilísticas gana +0.64 sin martingala (cada 100 operaciones de 10 dólares se ganan $64 dólares 0,64 x $10), lo que quiere decir que estamos ante una estrategia que a largo plazo tiene <u>esperanza matemática positiva</u>. Siempre y cuando se utilicen estrategias probabilísticas con un 56% de aciertos en una gran cantidad de operaciones, usando un capital fijo por operación se obtendrán resultados positivos (ley de los grandes números).

ESPERANZA MATEMÁTICA PARA ESTRATEGIAS PROBABILISTICAS CON UN SOLO PASO DE MARTINGALA

Si usamos estrategias probabilísticas con un solo paso de martingala para poder calcular la esperanza matemática de nuestra estrategia necesitamos en principio conocer dos datos:

- Porcentaje de aciertos en estrategias probabilísticas o mejor dicho el porcentaje de veces que ganamos teniendo en cuenta que cada operación corresponde a un máximo de un paso de martingala o mejor dicho dos operaciones en una, para considerar el % de operaciones ganadas contaremos las ganadas sin martingala y las ganadas en el primer paso de martingala.

- Ratio beneficio riesgo o mejor dicho lo que se gana en promedio cuando se gana y lo que se pierde en promedio cuando se pierde con estrategias probabilísticas de un paso de martingala, esto quiere decir promediar las pérdidas totales por operación perdida sumando las pérdidas de la primera operación sin martingala más las pérdidas del primer paso de martingala.

Para calcular la esperanza matemática en estrategias probabilísticas con un paso de martingala necesitamos hacer algunas cuentas.

Consideremos el ejemplo previo teniendo en cuenta que tenemos un 56% de efectividad usando estrategias probabilísticas y abrimos operaciones con la primera operación sin martingala con $10 dólares de capital usando activos que pagan 90% o $9 dólares por operación ganada.

En este caso la efectividad de nuestra estrategia se realiza sobre dos posibles operaciones en una, que tienen un 56% de efectividad.

- Cada 100 operaciones sin martingala ganaríamos 56 (56%).
- De las 44 operaciones perdidas ganaríamos un 56% en un primer paso de martingala (24,64 operaciones).
- Por lo tanto, usando estrategias probabilísticas con un paso de martingala y 56% de efectividad por operación individual nuestra efectividad seria 56 operaciones sin martingala más 24,64 operaciones más en un primer paso de martingala esto nos da un total de 80,64 operaciones cada 100 o 80,64% de efectividad.
- De esas 44 operaciones en un primer paso de martingala perderíamos 44% en un primer paso de martingala (19,36 operaciones).
- Por otra parte, usando estrategias probabilísticas con un paso de martingala y 44% de desaciertos por operación individual nuestras perdidas serian 44 operaciones cada 100 sin martingala y de estas 56% ganadas (23,64) y 44% perdidas (19,36 operaciones) 19,36% de perdidas cada 100 en un primer paso de martingala
- En caso de pérdida sumamos los $10 dólares de la operación perdida sin martingala más $20 dólares de la operación perdida en un primer paso de martingala.
- Las ganancias cada 100 operaciones de $10 serían 56 x $9 (90%) sin martingala unos $504 dólares en total y 23,64 operaciones x $8 dólares en un primer paso de martingala en total unos $189,12 (En cada operación con $20 usados en primer paso de martingala, $18 ganados menos $10 perdidos en primera operación sin martingala serian 18 – 10 = $8).

- Las ganancias totales cada 100 operaciones serian $504 (operaciones sin martingala) más 189,12 (operaciones en el primer paso de martingala) haciendo un total de $693,12.
- El promedio de ganancias por operación de saca dividiendo 693,12 dividido 80,36 nos da un promedio de $8,62 dólares de ganancia por operación utilizando hasta un paso de martingala.
- Por cada operación perdida perderíamos $10 dólares en una primera operación sin martingala más $20 dólares en un primer paso de martingala haciendo un total de $30 dólares. Si tenemos en cuenta que cada 100 operaciones perderíamos 19,36 las pérdidas totales serian 19,36 x 30 haciendo un total de $580,80.

Dijimos que la fórmula de la esperanza matemática se calcula de la siguiente forma:

EM = % de aciertos x Beneficio promedio - % fallos x Perdida promedio

- Según los cálculos previos con un 80,64% de posibilidades de ganar y un 19,36% de posibilidades de perder.
- Cada vez que ganamos, ganamos $8,62 dólares y cada vez que perdemos, perdemos $30 dólares.

¿Cómo se calcularía la esperanza matemática según este ejemplo?

PORCENTAJE DE ACIERTOS   PORCENTAJE DE FALLOS

$$EM = (0.8064 \times 8,62) - (0.1936 \times 30) = +1.15$$

BENEFICIO PROMEDIO   PERDIDA PROMEDIO

Como podemos observar según este ejemplo de estrategias probabilísticas con un paso de martingala se gana +1.15 (cada 100 operaciones se ganan 1,15 x $10 serían unos $115 dólares), lo que quiere decir que estamos ante una estrategia y gestión monetaria que *a largo plazo tiene __esperanza matemática positiva__. Siempre y cuando se utilicen estrategias probabilísticas con un 56% de efectividad en una gran cantidad de operaciones con un capital fijo predefinido en hasta un paso de martingala se obtendrán resultados positivos (ley de los grandes números).*

ESPERANZA MATEMÁTICA PARA ESTRATEGIAS PROBABILISTICAS CON DOS PASOS DE MARTINGALA

Si usamos estrategias probabilísticas con dos pasos de martingala para poder calcular la esperanza matemática de nuestra estrategia necesitamos en principio conocer dos datos:

- Porcentaje de aciertos en estrategias probabilísticas o mejor dicho el porcentaje de veces que ganamos teniendo en cuenta que cada operación corresponde a un máximo de dos pasos de martingala o mejor dicho tres operaciones totales en una, para considerar el porcentaje de operaciones ganadas contaremos las ganadas sin martingala, las ganadas en un primer paso de martingala y las ganadas en un segundo paso de martingala.
- Ratio beneficio riesgo o mejor dicho lo que se gana en promedio cuando se gana y lo que se pierde en promedio cuando se pierde con estrategias probabilísticas de hasta dos pasos de martingala, esto quiere decir promediar las pérdidas totales por operación perdida sumando las pérdidas de la primera operación sin martingala más las pérdidas del primer y segundo paso de martingala.

Para calcular la esperanza matemática en estrategias probabilísticas con dos pasos de martingala necesitamos hacer algunas cuentas. Consideremos el ejemplo previo teniendo en cuenta que tenemos un 56% de efectividad usando estrategias probabilísticas y abrimos operaciones con la primera operación sin martingala con $10 dólares de capital usando activos que pagan 90% o $9 dólares por operación ganada.

En este caso la efectividad de nuestra estrategia se realiza sobre tres posibles operaciones separadas que tienen un 56% de efectividad.

- Cada 100 operaciones sin martingala ganaríamos 56 (56%).
- De las 44 operaciones perdidas ganaríamos un 56% en un primer paso de martingala (24,64 operaciones).
- De esas 19,36 operaciones perdidas en un primer paso de martingala ganaríamos el 56% o 10,85 operaciones y perderíamos 44% en un segundo paso de martingala 8,51 operaciones o 8,51% cada 100 operaciones totales.
- Por lo tanto, usando estrategias probabilísticas con dos pasos de martingala y 56% de efectividad por operación individual nuestra efectividad seria 56 operaciones sin martingala más 24,64 operaciones en un primer paso de martingala más 10,85 operaciones en segundo paso de martingala. Esto nos da un total de 91,49 operaciones cada 100 o 91,49% de efectividad.
- Por otra parte, usando estrategias probabilísticas con dos pasos de martingala y 44% de desaciertos por operación individual nuestras pérdidas serian 44 operaciones sin martingala y de estas 56% ganadas (23,64) y 44% perdidas (19,36 operaciones) 19,36% de pérdidas cada 100 en un primer paso de martingala. De esas 19,36 operaciones perdidas en un primer paso de martingala ganaríamos el 56% en un segundo paso de martingala (unas 10,85 operaciones) y perderíamos un 44% en un segundo paso de martingala o unas 8,51 operaciones cada 100 o 8,51% de operaciones perdidas cada 100.
- Cada 100 operaciones de $10 ganaríamos 56 x $9 (90%) sin martingala unos $504 dólares en total y 23,64 operaciones x $8 dólares en un primer paso de martingala en total unos $189,12 (En cada operación $20 usados en primer paso de martingala, $18 ganados menos $10 perdidos en primera operación sin martingala serian 18 – 10 = $8). En un segundo paso de martingala ganaríamos 10,84 operaciones de $6 dólares un total de $65,04 cada 100 operaciones (Ganancia por operación: $40 dólares usados en un segundo paso de martingala de los cuales ganamos el 90% o mejor dicho $36 dólares menos $20 dólares perdidos en un primer paso de martingala y menos 10 dólares perdidos en la operación inicial sin martingala. ($36-$20-$10 es igual a +$6).
- Las ganancias totales cada 100 operaciones serian $504 más 189,12 más $65,04 haciendo un total de $758,16.

- El promedio de ganancias por operación de saca dividiendo $758,16 dividido 91,48 nos da un promedio de $8,28 dólares de ganancia por operación.
- Por cada operación perdida perderíamos $10 dólares en una primera operación sin martingala más $20 dólares en un primer paso de martingala más 40 dólares en un segundo paso de martingala haciendo un total de $70 dólares. Si tenemos en cuenta que cada 100 operaciones perderíamos 8,51 las pérdidas totales serian 8,51 x 70 haciendo un total de $593,70.

Dijimos que la fórmula de la esperanza matemática se calcula de la siguiente forma:

EM = % de aciertos x Beneficio promedio - % fallos x Perdida promedio

- Según los cálculos previos con un 91,49% de posibilidades de ganar y un 8,51% de posibilidades de perder.
- Cada vez que ganamos, ganamos $8,28 dólares y cada vez que perdemos, perdemos $70 dólares.

¿Cómo se calcularía la esperanza matemática según este ejemplo?

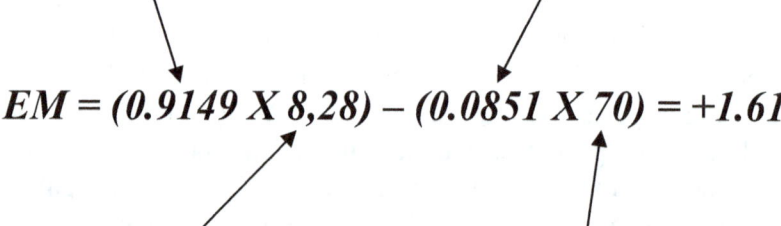

PORCENTAJE DE ACIERTOS   PORCENTAJE DE FALLOS

$$EM = (0.9149 \times 8,28) - (0.0851 \times 70) = +1.61$$

BENEFICIO PROMEDIO   PERDIDA PROMEDIO

Como podemos observar según este ejemplo de estrategias probabilísticas gana +1.61 con dos pasos de martingala (cada 100 operaciones se ganan 1,61 x $10 en total unos $161 dólares), lo que quiere decir que estamos ante estrategias que a largo plazo tiene <u>esperanza matemática positiva</u>. Siempre y cuando se utilicen estrategias probabilísticas con el 56% de aciertos en una gran cantidad de operaciones con un capital fijo predefinido en hasta dos pasos de martingala se obtendrán resultados positivos (ley de los grandes números).

CUADRO DE ESPERANZA MATEMATICA SEGÚN EFECTIVIDAD DE ESTRATEGIAS PROBABILISTICAS

A continuación, comparto un cuadro para calcular rápidamente la esperanza matemática según nuestro porcentaje de aciertos con estrategias probabilísticas y el beneficio porcentual del activo que operemos. Este cuadro nos ayuda a ver las variables porcentuales adecuadas para ganar a la hora de elegir estrategias.

ESPERANZA MATEMATICA PARA ACTIVOS DE BENEFICIOS DE 87% CALCULADA EN 100/O DE 0,5%- 1% y 2% DEL CAPITAL INICIAL POR OPERACIÓN

EFECTIVIDAD DE LA ESTRATEGIA	OPERACIONES SIN MARTINGALA CON 0,5% DE C.I	1 PASO DE MARTINGALA (1% DEL C.I)	2 PASOS DE MARTINGALA (2% DEL C.I)
50%	-3,25%	-6,50%	-13%
51%	-2,31%	-4,62%	-9,24%
52%	-1,37%	-2,74%	-5,48%
53%	-0,43%	-0,86%	-1,72%
54%	+0,51%	+1,02%	+2,04%
55%	+1,45%	+2,90%	+5,80%
56%	+2,39%	+4,78%	+9,56%
57%	+3,33%	+6,66%	+13,32%
58%	+4,27%	+8,54%	+17,08%
59%	+5,21%	+10,42%	+20,84%
60%	+6,15%	+12,30%	+24,60

- El cálculo de efectividad se hace sobre 100 operaciones ejecutadas con 0,5%, 1% y 2% del capital inicial por operación.

- Efectividad de la estrategia se refiere a la efectividad promedio de operaciones teniendo en cuenta cuantas operaciones se ganan cada 100 operaciones con hasta dos pasos de martingala.
- Sin martingala se refiere a la efectividad para estrategias sin martingala cada 100 operaciones usando solo un 0,5% del capital inicial.
- 1 paso de martingala se refiere a la efectividad para estrategias con un solo paso de martingala cada 100 operaciones con el 1% del capital inicial.
- 2 pasos de martingala se refiere a la efectividad para estrategias con dos pasos de martingala cada 100 operaciones con el 2% del capital inicial.
- Signo – (menos) indica cuando una estrategia da pérdidas.
- Signo + (más) indica cuando una estrategia da ganancias.

Este cuadro de arriba nos muestra la importancia de usar estrategias con una efectividad promedio de al menos un 54% de efectividad en hasta dos pasos de martingala para poder obtener ganancias.
Si usamos estrategias con una efectividad promedio menor al 54% a largo plazo perderemos más de lo que ganaremos.

¿Cómo se calcula la efectividad promedio con hasta dos pasos de martingala?

Básicamente promediando la efectividad de operaciones sin martingala, con un paso de martingala y con dos pasos de martingala. Voy a dar un ejemplo:

Efectividad sin martingala 60%
Efectividad con un paso de martingala: 55%
Efectividad con dos pasos de martingala: 57%

Luego se suman los tres porcentajes: 60 + 55 + 57 = 172%
Y se divide en 3: 172% / 3 = Nos da una efectividad de 57,33%

¿CÓMO PODEMOS USAR LA EFECTIVIDAD DEL CATALOGADOR SIN HACER CALCULOS DIFICILES?

USANDO LA INFORMACIÓN DEL CATALOGADOR PARA OPERAR SIGUIENDO LAS SIGUIENTES PREMISAS FUNDAMENTALES:

- PARA ESTRATEGIAS SIN MARTINGALA 60% DE EFECTIVIDAD
- PARA ESTRATEGIAS CON UN PASO DE MARTINGALA 80% DE EFECTIVIDAD
- PARA ESTRATEGIAS CON HASTA DOS PASOS DE MARTINGALA 100% DE EFECTIVIDAD

CONDICIONES ADECUADAS PARA USAR LA ESTRATEGIAS PROBABILISTICAS

Todas las estrategias presentadas en este libro funcionan bien y tienen un alto porcentaje de efectividad: *"Siempre y cuando se apliquen en el momento y condiciones adecuadas"*.

¿Quiere decir esto que siempre que se apliquen las estrategias de este libro, en el momento y condiciones adecuadas tendremos el éxito y ganancias garantizadas?

"ABSOLUTAMENTE NO"

Aplicar una estrategia en el momento y condiciones adecuadas no nos garantizará buenos resultados, pero nos dará una *"muy alta probabilidad de tener buenos resultados en la sesión de trading"*. Esto quiere decir que tú puedes tener malos resultados en algunas sesiones diarias de trading, pero si logras a lo largo del mes más sesiones con buenos resultados que malos estarás en el camino firme hacia la rentabilidad.

"La clave para lograr la rentabilidad es la disciplina: buscar las condiciones adecuadas para operar y respetar las reglas de nuestra estrategia y plan especialmente en los momentos que tenemos una sesión o sesiones consecutivas de malos resultados"

Piensa lo siguiente: Si tú usas una estrategia que tiene 60% de efectividad operando instrumentos que den 87% de beneficios y gestionando con disciplina, puedes obtener los siguientes resultados:

En 1000 operaciones mensuales con 1% del capital ganarías 600 operaciones y perderías unas 400.

Operaciones ganadas 600 x 0.87% es igual a 522%

Operaciones perdidas 400 x 1% es igual a 400%

Resultado final 522% (ganado) menos 400% (perdido) = 122% ganado

LA RENTABILIDAD ES UNA CUESTION DE DISCIPLINA

El problema del trading es que no podemos saber con exactitud el orden de nuestros resultados:

- Podemos ganar o perder 10-20 o 30 operaciones consecutivas y solo nos puede salvar la gestión estricta de nuestro capital usando no más del 1-2% del capital por operación.

La gran ventaja de las estrategias probabilísticas es que podemos hacer operaciones en hasta 3 pasos mejorando sustancialmente la efectividad de nuestras estrategias y usando aproximadamente el 1% de capital promedio por operación.

La clave para alcanzar la rentabilidad es arriesgar no más del 0,5%,1% y 2% en los tres pasos de martingala que usemos por cada operación, de esta forma cuidaremos el capital ante posibles rachas perdedoras y lo incrementaremos poco a poco en las rachas ganadoras.

ADQUIERE NUESTRA SERIE POR TOMOS DE OPCIONES BINARIAS MAESTRAS

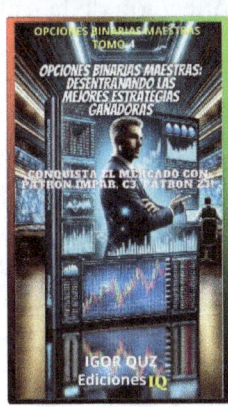

OPCIONES BINARIAS MAESTRAS "DESCUBRE LAS 18 ESTRATEGIAS PROBABILISTICAS PARA TRIUNFAR EN EL TRADING" (Serie de 6 libros) Edición para Kindle (amazon.com)

CAPÍTULO 3:

¿CÓMO GANAR CON UNA ÚNICA ESTRATEGIA PROBABILISTICA?

En el mundo del trading de opciones binarias, la variedad de estrategias disponibles puede resultar abrumadora. Muchos traders sienten la presión de dominar múltiples enfoques para ser exitosos, pero la realidad es que **es posible alcanzar la rentabilidad enfocándose en una única estrategia de las tres que se enseñan en este libro**: TORRES GEMELAS, TRES MOSQUETEROS Y TRES VECINOS. Esta especialización no solo simplifica el proceso de trading, sino que permite profundizar en el conocimiento y la aplicación de la estrategia elegida.

La ventaja de especializarse

Cuando decides concentrarte en una única estrategia, puedes dedicar el tiempo necesario para comprender sus matices. Esto te permitirá conocerla a fondo: sus condiciones óptimas de uso, su comportamiento en diferentes contextos de mercado y, lo más importante, cómo adaptarla a tus necesidades y estilo personal.

Las estrategias TORRES GEMELAS, TRES MOSQUETEROS Y TRES VECINOS han demostrado ser efectivas en diversas condiciones del mercado. Al elegir una de ellas para dominar, puedes desarrollar habilidades y confianza que te permitirán ejecutar operaciones con mayor claridad y precisión.

Estrategias probabilísticas: La base de tu éxito

Las tres estrategias que exploramos en este libro están diseñadas para ofrecerte un marco sólido en el trading de opciones binarias. Al especializarte en una de estas estrategias, podrás:

- **Desarrollar habilidades específicas**: La especialización te permite profundizar en la técnica, lo que te lleva a un mejor entendimiento de su funcionamiento y a un mejor desempeño.
- **Optimizar el uso de recursos**: En lugar de dispersar tu tiempo y esfuerzo en múltiples estrategias, podrás concentrarte en una sola, maximizando la efectividad de tus análisis y decisiones.
- **Fomentar la confianza**: La familiaridad con una única estrategia te ayudará a tomar decisiones más rápidas y fundamentadas, reduciendo la ansiedad y el estrés que a menudo acompañan el trading.

- *Guía paso a paso para buscar la efectividad de una única estrategia especifica*
- PASO 1: AL INGRESAR EN EL CATALOGADOR SELECCIONAR LA OPCIÓN ESTRATEGIAS

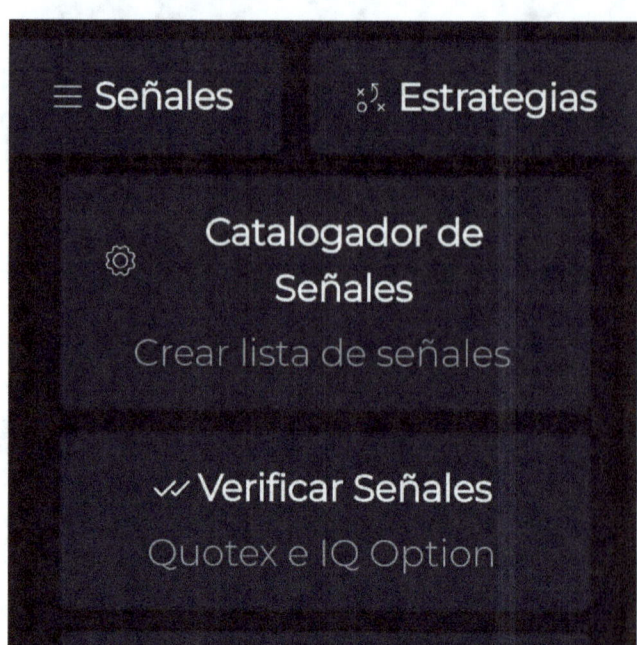

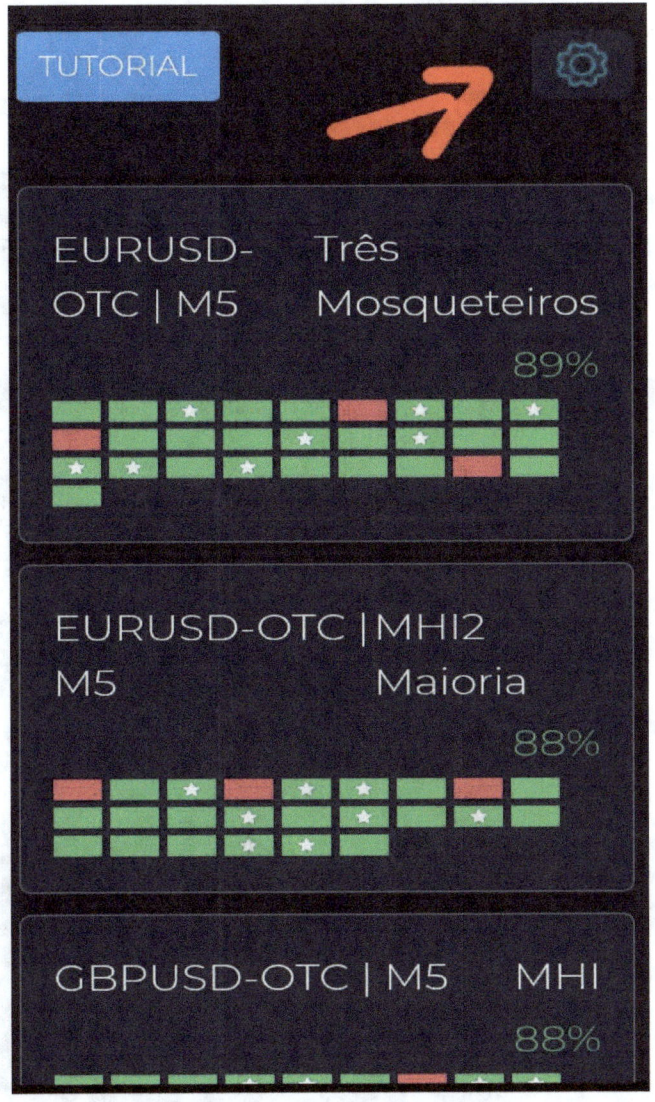

- PASO 3: SOBRE LA OPCIÓN ESTRATEGIA DEL MENU DESPLEGAR LAS OPCIONES CON EL BOTÓN INDICADO CON UNA FLECHITA HACIA ABAJO

- PASO 4: SELECCIONAR DEL MENU LA ESTRATEGIA DESEADA ENTRE TODAS LAS OPCIONES DISPONIBLES

Mejor estrategia	○
MHI	○
MHI2	○
MHI3	○
MHI Mayoría	○
MHI2 Mayoría	○
MHI3 Mayoría	○
Millón	○
Millón Mayoría	⦿
Mejor de 3	○
Patrón 23	○

- PASO 5: GUARDAR LA SELECCIÓN CON EL BOTON AZUL (GUARDAR)

-

- PASO 6: EL CATALOGADOR NOS MOSTRARA LA EFECTIVIDAD DE LA ESTRATEGIA PREVIAMENTE ELEGIDA EN DISTINTOS PARES DE DIVISAS, SOLO QUEDA SELECCIONAR UN PAR DE DIVISAS DONDE LA ESTRATEGIA TENGA LA MEJOR EFECTIVIDAD PARA EJECUTAR.

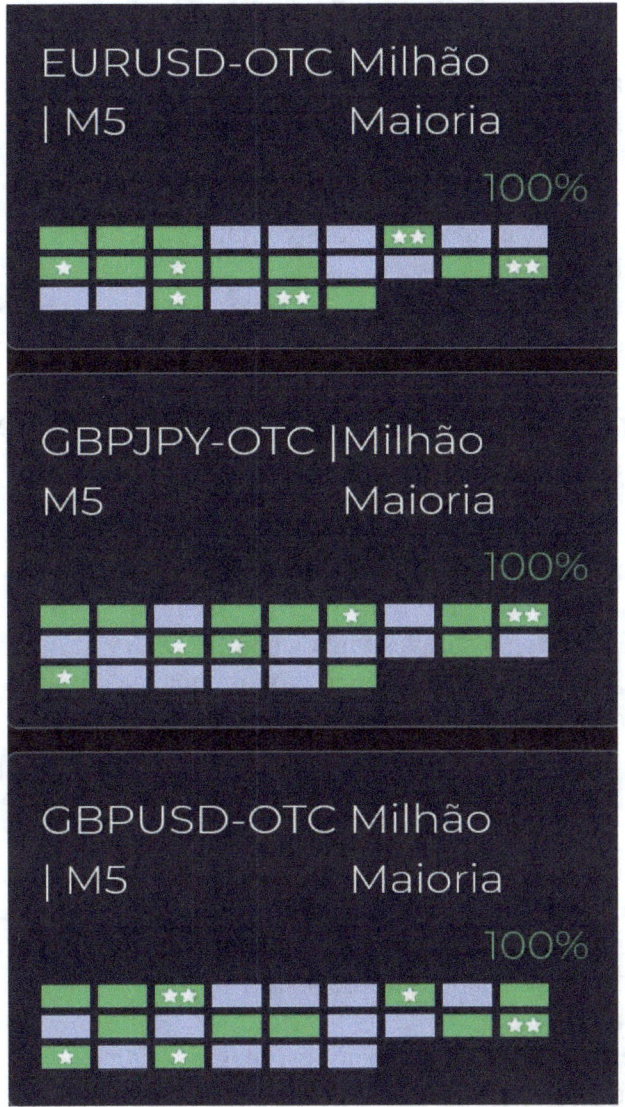

La Importancia de la Consistencia

La consistencia es clave en el trading. Es común que los traders abandonen una estrategia después de enfrentar pérdidas, sin comprender que **todas las estrategias experimentarán altibajos**. Al enfocarte en una única estrategia, aprenderás a manejar las pérdidas y a ejecutar tu plan de manera coherente, lo que es esencial para el éxito a largo plazo.

La confianza que desarrollas al dominar una estrategia te permitirá tomar decisiones más acertadas y minimizar errores impulsivos que pueden surgir de la inseguridad.

El Poder del Backtesting

Realizar un **backtesting** adecuado es fundamental para validar la estrategia seleccionada. Esto implica probar la estrategia en datos históricos para observar su desempeño. Al llevar a cabo un backtesting exhaustivo, podrás obtener una visión clara de la efectividad de la estrategia en diferentes condiciones de mercado.

El backtesting no solo te ayuda a confirmar la viabilidad de tu estrategia, sino que también te proporciona la confianza necesaria para implementarla en una cuenta real.

Gestión del Riesgo y Disciplina

Una vez que hayas elegido y dominado una estrategia, la gestión del riesgo y la disciplina son elementos cruciales. Es vital seguir las reglas de la estrategia y tener un plan de gestión de riesgo que proteja tu capital ante situaciones imprevistas.

Recuerda que incluso la mejor estrategia puede tener períodos de bajo rendimiento. La clave es no abandonar la estrategia ante pérdidas temporales, sino mantener la disciplina y seguir operando de acuerdo con tu plan.

Conclusión: El camino a la rentabilidad

El éxito en el trading no se mide por la cantidad de estrategias que conoces, sino por **cuán bien aplicas una sola estrategia**. Al enfocarte en una de las tres estrategias probabilísticas que se enseñan en este libro, podrás desarrollar habilidades y confianza que te llevarán a alcanzar la rentabilidad.

A medida que perfecciones tu técnica, aprenderás a anticipar y responder a las condiciones del mercado de manera efectiva, aumentando tus probabilidades de éxito. La especialización en una única estrategia no solo simplifica el proceso de trading, sino que te brinda el enfoque y la disciplina necesarios para prosperar en el competitivo mundo de las opciones binarias.

CAPÍTULO 4:

ESTRATEGIA TORRES GEMELAS

USO IDEAL DE LA ESTRATEGIA TORRES GEMELAS

El uso ideal de la estrategia TORRES GEMELAS depende de seleccionar dicha estrategia cuando tenga una efectividad porcentual adecuada y en activos ***que paguen beneficios no menores al 87%*** por operación ganada.

BENEFICIOS, EFECTIVIDAD Y GESTIÓN MONETARIA
BENEFICIOS
Operar siempre activos que paguen como mínimo 87% de beneficios
ESTRATEGIAS SIN MARTINGALA
Efectividad mínima 60% para operación inicial (G0) Gestión monetaria: 1% a 2% del capital inicial por operación
ESTRATEGIAS CON UN PASO DE MARTINGALA
Efectividad mínima 80% para operación inicial + 1er paso de martingala Gestión monetaria: 0,50% a 1% del capital en la operación inicial y 1 a 2% del capital inicial en el primer paso de martingala (Doblar el monto inicial)
ESTRATEGIAS CON DOS PASOS DE MARTINGALA
Efectividad mínima 100% para operación inicial + 1er paso de martingala + 2do paso de martingala. Gestión monetaria: 0,50% del capital en la operación inicial, 1% del capital inicial en el primer paso de martingala y 2% del capital inicial en un segundo y último paso de martingala.
Cada estrategia se usa con la gestión estipulada hasta ganar o perder en segundo paso de martingala no arriesgando más capital para esa operación.

CATALOGACIÓN PARA DECIDIR

A la hora de decidir qué estrategia puede ser la mejor a utilizar podemos usar la información de un catalogador o hacer un análisis manual de las estrategias. La gran ventaja de usar un catalogador es que nos ahorra muchísimo tiempo y es un servicio gratis o bastante económico teniendo en cuenta los beneficios económicos potenciales que nos puede brindar. Un catalogador nos brinda la información de la efectividad de las estrategias probabilísticas en la mayoría de pares de divisas que hay en los mercados pudiendo detectar en tiempo real

que estrategias tienen un 100% de efectividad incrementando así nuestras probabilidades reales de ganar, si esto lo tendríamos que hacer manualmente ocuparíamos horas y horas para analizar las 18 estrategias probabilísticas en los múltiples activos que ofrece el mercado para operar y la realidad es que nuestro tiempo vale oro.

Algo importante a destacar es que los catalogadores suelen funcionar bien para cualquier bróker operando activos en horario de mercado abierto y funcionan correctamente en mercados OTC (horario de mercados cerrados) en los mismos Brókeres donde se recogen los datos para calcular la efectividad.

Si se desea operar con cualquier activo en horarios OTC se debe utilizar el mismo Bróker de donde recogen los datos los catalogadores o mismo Bróker que utilizamos para catalogar en forma manual.

"Hay que tener presente que en mercados OTC los datos del movimiento de precio de un activo pueden variar de un Bróker a otro".

Es conveniente hacer un testeo previo de resultados, ya sea usando un catalogador o la catalogación manual para corroborar la efectividad de posibles estrategias a utilizar antes de decidir personalmente operar con dinero real o no, recordar siempre que la elección de nuestra mejor estrategia depende exclusivamente de su efectividad porcentual en ese momento.

DECISIÓN Y OPERACIONES

Para decidir si operamos o no debemos respetar la regla clave: *Si al analizar las velas de decisión una es un DOGI "vela sin cuerpo o cuerpo muy pequeño", como regla estricta NO OPERAREMOS en base a dicha información.*

Las estrategias a seleccionar serán las que se ajusten al tipo de estrategia y la efectividad ya mencionada, conociendo a la perfección todas las estrategias.

CUADRANTES Y POSIBLES OPERACIONES

Se utilizan cuadrantes de 5 minutos con cinco velas japonesas de 1 minuto.

Es necesario ajustar los gráficos en el Bróker que utilicemos usando velas japonesas de 1 minuto de duración y colocar líneas cíclicas verticales cada 5 minutos, justo entre velas del minuto terminado en 9 y 0 por un lado y por otro lado justo entre velas del minuto terminado en 4 y 5. Esta división de cuadrantes nos permitirá detectar rápidamente los patrones de la estrategia a utilizar, si es conveniente operar o no, el sentido de nuestras operaciones (arriba o abajo) y las velas donde debemos abrir operaciones en base a nuestro sencillo análisis.

ANALISIS Y OPERACIONES EN CUADRANTES 0 A 4 Y 5 A 9

| 0 | 1 | 2 | 3 | 4 | AMARILLO: VELAS DE DECISÍON

En cuadrantes de 5 minutos en minutos terminados en 0, 1, 2, 3 y 4 se analiza la primera vela de minuto terminado en 0 *comenzando a abrir operación inicial a favor del color de esa vela en el mismo cuadrante (minuto horario terminado en 4) y en el cuadrante siguiente posibles operaciones con 1er y 2do paso de martingala.* Se opera *siempre a 1 minuto de vencimiento.*

| 5 | 6 | 7 | 8 | 9 | CELESTE: VELAS DE POSIBLES OPERACIONES

Las posibles operaciones serian en minuto terminado en 4, 5 y 6 al inició de cada vela en su segundo 00 y con vencimiento exacto al cierre de misma vela.

Operación inicial justo al inicio de vela de minuto terminado en 4 segundo 00 con vencimiento en vela siguiente de minuto terminado en 5 segundo 00. Si se pierde operación inicial se puede hacer *primer paso de martingala* justo al inicio de vela de minuto terminado en 5 segundo 00 con vencimiento en vela siguiente de minuto terminado en 6 segundo 00. Si se pierde operación inicial y primer paso de martingala se puede hacer un *segundo y último paso de martingala* justo al inicio de vela de minuto terminado en 6 segundo 00 con vencimiento en vela siguiente de minuto terminado en 7 segundo 00.

ANALISIS Y OPERACIONES EN CUADRANTES 5 A 9 Y 0 A 4

| 5 | 6 | 7 | 8 | 9 | AMARILLO: VELAS DE DECISÍON

En cuadrantes de 5 minutos en minutos terminados en 5, 6, 7, 8 y 9 se analiza la primera vela de minuto terminado en 5 comenzando *a abrir operación inicial a favor del color de esa vela en el mismo cuadrante (minuto horario terminado en 9) y en el cuadrante siguiente posibles operaciones con 1er y 2do paso de martingala.* Se opera *siempre a 1 minuto de vencimiento.*

| 0 | 1 | 2 | 3 | 4 | CELESTE: VELAS DE POSIBLES OPERACIONES

Las posibles operaciones serian en minuto terminado en 9, 0 y 1 al inició de cada vela en su segundo 00 y con vencimiento exacto al cierre de misma vela.

Operación inicial justo al inicio de vela de minuto terminado en 9 segundo 00 con vencimiento en vela siguiente de minuto terminado en 0 segundo 00. Si se pierde operación inicial se puede hacer *primer paso de martingala* justo al inicio de vela de minuto terminado en 0 segundo 00 con vencimiento en vela siguiente de minuto terminado en 1 segundo 00. Si se pierde operación inicial y primer paso de martingala se puede hacer un *segundo y último paso de martingala* justo al inicio de vela de minuto terminado en 1 segundo 00 con vencimiento en vela siguiente de minuto terminado en 2 segundo 00.

FICHA TÉCNICA: TORRES GEMELAS (Versión clásica)

Momento ideal para usarla: Si la estrategia tiene una alta efectividad porcentual (datos del catalogador o recolectados manualmente).

Efectividad recomendada: Uso sin martingala más de 60%, con un paso de martingala más de 80%, con dos pasos de martingala 100% de efectividad

Explicación de la estrategia:

- **TORRES GEMELAS: Consiste en analizar el color de la primera vela del cuadrante de 5 minutos y comenzar a abrir operaciones en el mismo cuadrante *SIEMPRE A FAVOR DEL COLOR O SENTIDO DE LA PRIMER VELA*, las posibles operaciones serian a un minuto de vencimiento en la 5° vela del mismo cuadrante, 1° y 2° del cuadrante siguiente hasta ganar o perder como máximo en dos pasos de martingala.**

- Analizar cuadrantes de 5 minutos (cinco velas japonesas de un minuto) Los cuadrantes de minutos horarios que se deben analizar son:

- Los terminados en minuto 0, 1, 2, 3 y 4 se operan en minuto terminado en 4, 5 y 6 hasta ganar o perder en un segundo paso de martingala.

- Los terminados en minuto 5, 6, 7, 8 y 9 se operan en minuto terminado en 9, 0 y 1 hasta ganar o perder en un segundo paso de martingala.

- Siempre que analizamos la información del cuadrante operaremos en el mismo cuadrante en la 5° vela y en el siguiente cuadrante en la 1° y 2° vela, respetando la REGLA CLAVE.

PEJ: Analizamos el cuadrante horario: 15:10, 15:11, 15:12, 15:13, 15:14 (La 1° vela es la que debemos analizar para tomar una decisión sobre si operaremos o no y en caso de operar el sentido de las operaciones: arriba o abajo) y las posibles operaciones serian en el mismo cuadrante en la 5° vela a las 15:14:00, y luego en la 1° y 2° velas del siguiente cuadrante a las 15:15:00 y 15:16:00 (Todas las operaciones se realizan a 1 minuto de expiración o vencimiento.)

REGLA CLAVE: Si al analizar las velas de decisión una es un DOGI "vela sin cuerpo o cuerpo muy pequeño", como regla estricta NO OPERAREMOS en el cuadrante siguiente. Para operar debemos hacer un nuevo análisis del cuadrante actual.

- **OPERACIÓN INICIAL:** La primera operación se abre justo al inicio de la 5° vela del mismo cuadrante (Min horario terminado en 4:00 o 9:00).

- **PRIMER PASO DE MARTINGALA:** En caso de pérdida en la operación inicial se aplica el primer paso de martingala en una segunda operación justo al inicio de la 1° vela del siguiente cuadrante. (Minuto 5:00 o 0:00)

- **SEGUNDO PASO DE MARTINGALA:** Si perdemos en la segunda operación se aplica un segundo paso de martingala en una tercera operación al inicio de la 2° vela del siguiente cuadrante. (Min 6:00 o 1:00)

Si se pierde tras la tercera operación se acepta la pérdida definitiva no arriesgando más capital. Si se gana en cualquiera de los tres pasos de martingala no se opera más hasta el siguiente cuadrante, volviendo a operar con el capital pautado por nuestras reglas de gestión monetaria y riesgos.

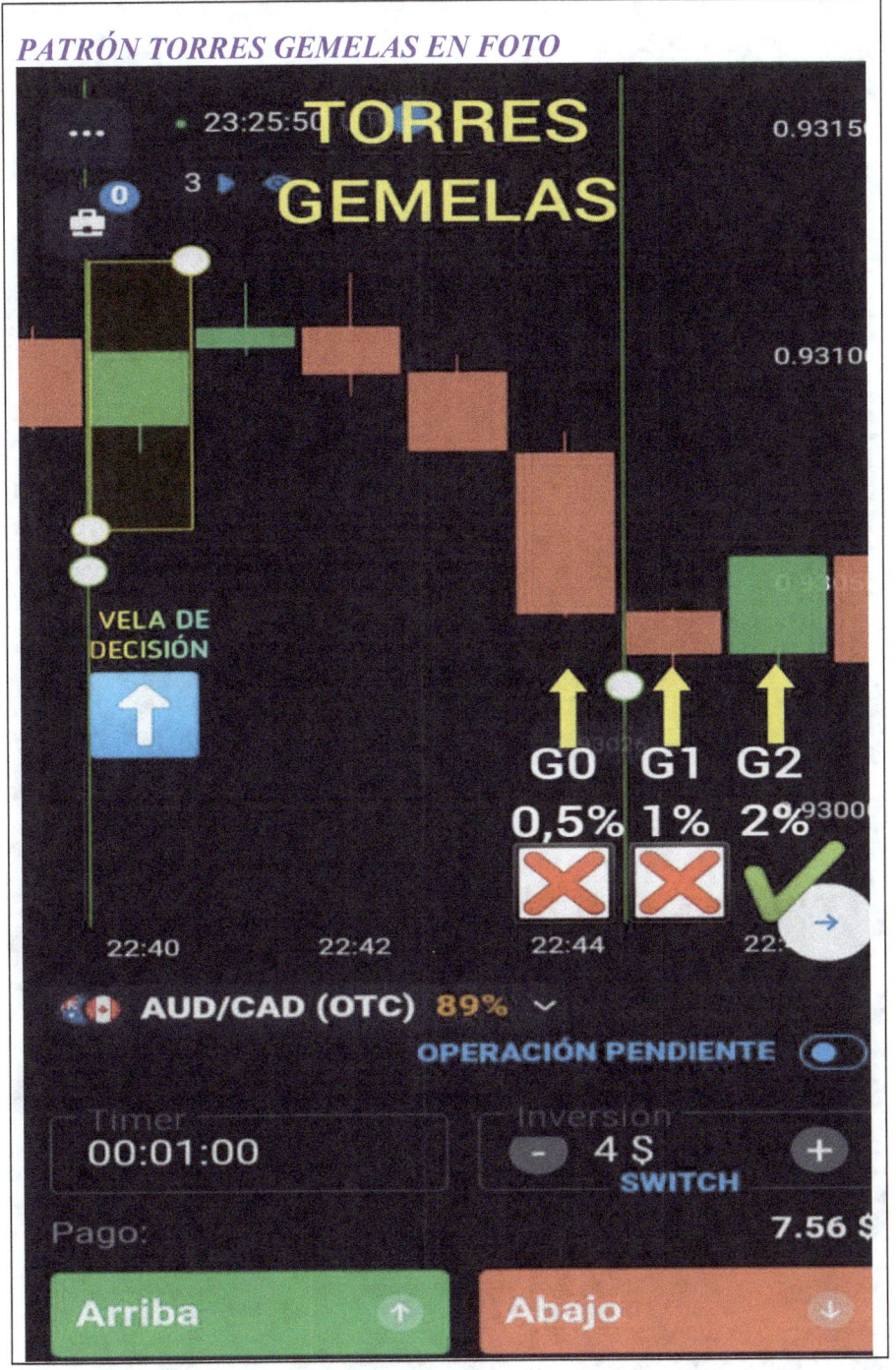

REFERENCIAS

| |: Lineas ciclicas verticales dividen cuadrantes de tiempo del minuto terminado en 0 al 4 y 5 al 9 y minuto 0 al 9 (5 y 10 MINUTOS)

 RECTANGULO SOMBREADO *VELAS DE DECISIÓN*

 DECISIÓN CALL ARRIBA SUBE

 DECISIÓN PUT ABAJO BAJA

 DIRECCIÓN OPERACIONES

GESTIÓN MONETARIA:

Se calcula sobre el capital inicial

G0: OPERACIÓN INICIAL 0,5%

G1: 1ER PASO DE MARTINGALA 1%

G2: 2DO PASO DE MARTINGALA 2%

 OPERACION PÉRDIDA

 OPERACION GANADA

EXPLICACIÓN DEL PATRÓN TORRES GEMELAS (Clásica)

Seguir la explicación guiándose con la foto previa del Patrón torres gemelas:

- Primero que nada, debemos usar esta estrategia si el catalogador o nuestro testeo manual nos indica que tiene la efectividad correcta y en activos que paguen como mínimo un 87% de beneficios.
- En el gráfico podemos observar que está configurado con velas japonesas de 1 minuto de duración.
- Los cuadrantes de 5 minutos están divididos en forma correcta con líneas cíclicas verticales de color verde justo entre las velas japonesas de minutos terminados en 9 y 0 (22:39 - 22:40) por un lado y por otro lado 4 y 5 (22:44 - 22:45) quedando perfectamente definidos los cuadrantes de 5 minutos.
- El rectángulo sombreado amarillo nos marca la vela de decisión que debemos analizar para operar o no. (Herramienta opcional)
- La vela de decisión de referencia es la primera del cuadrante, tiene cuerpo y se opera en el mismo cuadrante y cuadrante siguiente.
- La única vela de decisión que debemos analizar es verde por lo cual abriremos operaciones a favor del sentido y color verde o *"CALL, sube o arriba"*
- Nuestra primera operación sería utilizando el 0,5% del capital inicial en la quinta vela del mismo cuadrante abriendo la operación *"CALL, sube o arriba"* justo a las 22:44:00 a un minuto de vencimiento a las 22:45:00, según el gráfico en esta operación se pierde debiendo hacer un primer paso de martingala.
- Primer paso de martingala consiste en utilizar el 1% del capital inicial en la primera vela del siguiente cuadrante abriendo la operación *"CALL, sube o arriba"* justo a las 22:45:00 a un minuto de vencimiento a las 22:46:00, en esta operación según el gráfico se pierde debiendo hacer un segundo y último paso de martingala.
- Segundo paso de martingala consiste en utilizar el 2% del capital inicial en la segunda vela abriendo la operación *"CALL, sube o arriba"* justo a las 22:46:00 a un minuto de vencimiento a las 22:47:00, en esta operación según el gráfico se gana recuperando las dos pérdidas iniciales y dejándonos una pequeña ganancia.
- Las estrategias probabilísticas se usan hasta ganar o perder en un 2do paso de martingala, si se pierde en un 2do paso de martingala no se debe arriesgar más dinero y aceptar la pérdida ya que *"una correcta gestión monetaria y de riesgos son los elementos clave que nos ayudarán a lograr alcanzar la rentabilidad"*. En caso de ganar o perder se vuelve a hacer un nuevo análisis para próximas operaciones.

¿CÓMO USAR EL PATRÓN TORRES GEMELAS PASO A PASO?

PRIMERO: Definir qué tipo de gestión monetaria utilizaremos para nuestra estrategia. Sin martingala, con un paso de martingala o hasta dos pasos de martingala. Jamás exceder los dos pasos de martingala y respetar la regla del máximo de inversión del 1% o 2% del capital inicial por operación.

SEGUNDO: Identificar en forma manual o con catalogador cual puede ser nuestra mejor estrategia probabilística y en que activo financiero en base a la efectividad porcentual. Para estrategias sin martingala mínimamente un 60% de efectividad, para estrategias con un solo paso de martingala mínimamente un 80% de efectividad (efectividad de operación inicial G0 más efectividad del primer paso de martingala G1), para estrategias con hasta dos pasos de martingala un 100% de efectividad (efectividad de operación inicial G0 más primer paso de martingala G1 más segundo paso de martingala G2).

TERCERO: Una vez detectada nuestra mejor estrategia por efectividad en un activo, hay que corroborar en el Bróker que los beneficios sean de al menos un 87%, si no lo son hay que buscar otro activo que cumpla dichas premisas.

CUARTO: Seleccionar en nuestro Bróker el activo que el catalogador o catalogación manual indiquen nuestra posible mejor estrategia.

QUINTO: Utilizar en la plataforma de nuestro Bróker velas japonesas de 1 minuto de duración, ajustar la imagen y dividir en cuadrantes de 5 minutos con líneas cíclicas verticales justo entre velas de minutos horarios terminados en 9 y 0 por un lado y justo entre velas minutos horarios terminados en 4 y 5.

SEXTO: Hacer un testeo visual rápido de operaciones previas para corroborar si la efectividad de nuestra estrategia se viene cumpliendo o no.

SEPTIMO: Identificar en los cuadrantes velas de decisión de operaciones, decidir si es conveniente operar o no y en caso de operar el sentido de nuestras operaciones.

OCTAVO: Operar tal cual indica nuestra estrategia en las velas indicadas para la operación inicial, primer paso de martingala y segundo paso de martingala.

NOVENO: Establecer si vamos a operar por tiempo, cantidad de operaciones o establecer un stop razonable de ganancias (+3 +5%) y de perdidas (-10%) para la sesión de trading, establecer tiempo de descanso adecuado tras un stop.

DECIMO: Registrar nuestras operaciones y resultados en un diario de Trading para evaluar si nuestro plan de trading es consistente a largo plazo.

¿CÓMO MEJORAR LA ESTRATEGIA TORRES GEMELAS?

Como vimos en la foto previa del patrón de la estrategia TORRES GEMELAS en su versión clásica no existe un análisis previo de la acción del precio y fuerza de vela previa antes de operar, lo cual empeora las probabilidades de éxito de nuestras operaciones.

Para mejorar la efectividad de la estrategia TORRES GEMELAS le vamos a agregar una vela de confirmación de operación y solo operaremos si se da esta vela de confirmación que necesitamos.

VELA DE CONFIRMACIÓN PARA LA ESTRATEGIA TORRES GEMELAS

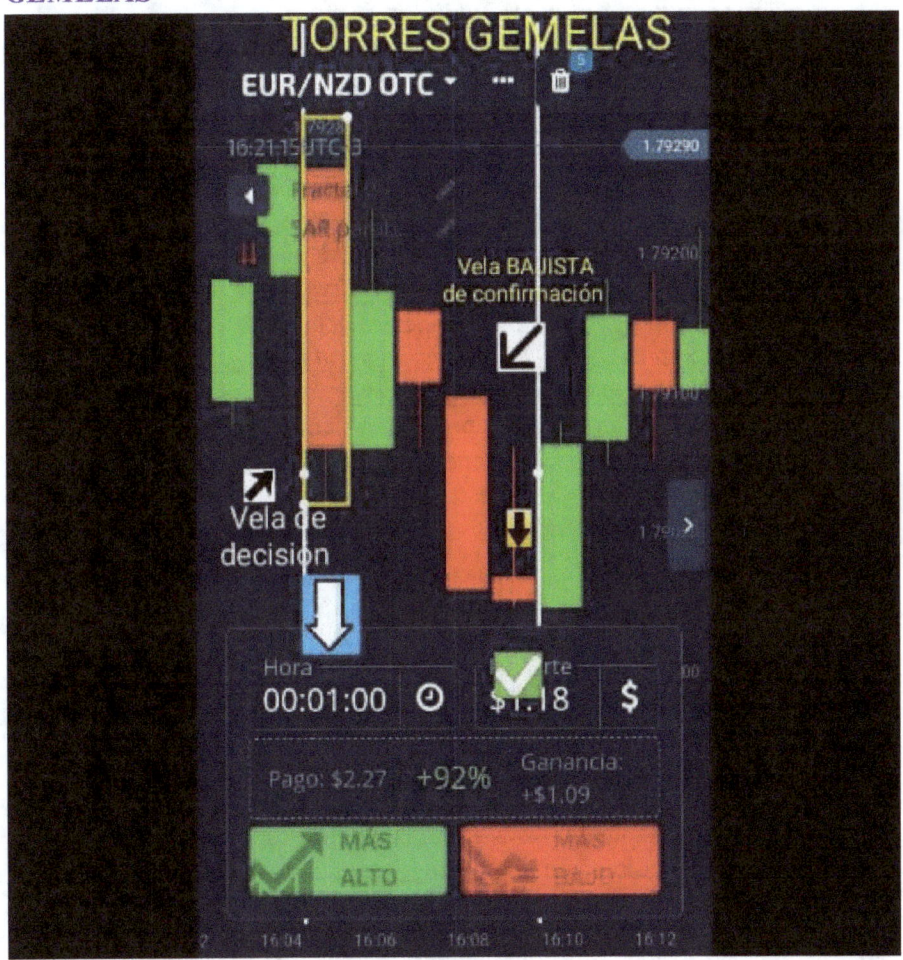

Como vemos en la foto previa la estrategia TORRES GEMELAS nos indica operar hacia abajo y previo a la operación existe una gran vela de confirmación **BAJISTA** *(Gran cuerpo y mechas cortas)* resultando la operación ganadora.

Para mejorar nuestra operativa con la estrategia TORRES GEMELAS entonces vamos a agregar una vela de confirmación considerando lo siguiente:

- Siempre observaremos la vela previa a la operación (vela de confirmación), analizaremos el tamaño de su cuerpo y de sus mechas.
- Si nuestra estrategia nos indica operar hacia arriba la vela de confirmación debe ser **ALCISTA** *de gran cuerpo o cuerpo medio sin mechas o con mechas cortas*. Si se da este tipo de vela *podemos operar con una mayor probabilidad de éxito*.
- Si nuestra estrategia nos indica operar hacia arriba y la vela de confirmación es **ALCISTA** *de gran cuerpo o cuerpo medio con mechas largas* *no es conveniente operar* ya que hay indecisión en el precio y una lucha entre compradores y vendedores.
- Si nuestra estrategia nos indica operar hacia abajo la vela de confirmación debe ser **BAJISTA** *de gran cuerpo o cuerpo medio sin mechas o con mechas cortas*. Si se da este tipo de vela *podemos operar con una mayor probabilidad de éxito*.
- Si nuestra estrategia nos indica operar hacia abajo y la vela de confirmación es **BAJISTA** *de gran cuerpo o cuerpo medio con mechas largas* *no es conveniente operar* ya que hay indecisión en el precio y una lucha entre compradores y vendedores.
- Si la vela de confirmación tiene *un cuerpo pequeño no es conveniente operar* ya que este tipo de vela indica indecisión entre los compradores y vendedores teniendo *mayores probabilidades de perder que de ganar*.

¿POR QUÉ AGREGAR UNA VELA DE CONFIRMACIÓN MEJORA LA EFECTIVIDAD DE LA ESTRATEGÍA TORRES GEMELAS?

Básicamente las estrategias probabilísticas nos indican la efectividad de ciertos patrones de velas durante las últimas dos horas y agregar una vela de confirmación nos ayuda a reducir las falsas señales para evitar posibles operaciones perdedoras.

La confirmación mediante una vela adicional puede proporcionar una validación extra de la dirección del mercado, ayudando a filtrar señales menos fiables aumentando la probabilidad de éxito en las operaciones.

"La vela de confirmación es un elemento importante para tratar de evitar operaciones perdedoras y lograr más operaciones ganadoras"

ADQUIERE NUESTRA SERIE POR TOMOS DE OPCIONES BINARIAS MAESTRAS

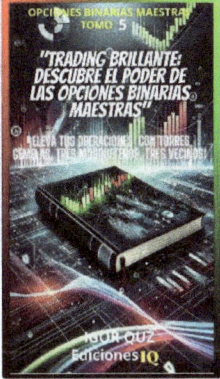

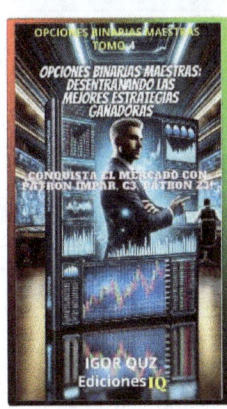

OPCIONES BINARIAS MAESTRAS "DESCUBRE LAS 18 ESTRATEGIAS PROBABILISTICAS PARA TRIUNFAR EN EL TRADING" (Serie de 6 libros) Edición para Kindle (amazon.com)

CAPÍTULO 5:

ESTRATEGIA TRES MOSQUETEROS

USO IDEAL DE LA ESTRATEGIA TRES MOSQUETEROS

El uso ideal de la estrategia TRES MOSQUETEROS depende de seleccionar dicha estrategia cuando tenga una efectividad porcentual adecuada y en activos ***que paguen beneficios no menores al 87%*** por operación ganada.

BENEFICIOS, EFECTIVIDAD Y GESTIÓN MONETARIA
BENEFICIOS
Operar siempre activos que paguen como mínimo 87% de beneficios
ESTRATEGIAS SIN MARTINGALA
Efectividad mínima 60% para operación inicial (G0)   Gestión monetaria: 1% a 2% del capital inicial por operación
ESTRATEGIAS CON UN PASO DE MARTINGALA
Efectividad mínima 80% para operación inicial + 1er paso de martingala   Gestión monetaria: 0,50% a 1% del capital en la operación inicial y 1 a 2% del capital inicial en el primer paso de martingala (Doblar el monto inicial)
ESTRATEGIAS CON DOS PASOS DE MARTINGALA
Efectividad mínima 100% para operación inicial + 1er paso de martingala + 2do paso de martingala.   Gestión monetaria: 0,50% del capital en la operación inicial, 1% del capital inicial en el primer paso de martingala y 2% del capital inicial en un segundo y último paso de martingala.
Cada estrategia se usa con la gestión estipulada hasta ganar o perder en segundo paso de martingala no arriesgando más capital para esa operación.

CATALOGACIÓN PARA DECIDIR

A la hora de decidir qué estrategia puede ser la mejor a utilizar podemos usar la información de un catalogador o hacer un análisis manual de las estrategias. La gran ventaja de usar un catalogador es que nos ahorra muchísimo tiempo y es un servicio gratis o bastante económico teniendo en cuenta los beneficios económicos potenciales que nos puede brindar. Un catalogador nos brinda la información de la efectividad de las estrategias probabilísticas en la mayoría de pares de divisas que hay en los mercados pudiendo detectar en tiempo real

que estrategias tienen un 100% de efectividad incrementando así nuestras probabilidades reales de ganar, si esto lo tendríamos que hacer manualmente ocuparíamos horas y horas para analizar las 18 estrategias probabilísticas en los múltiples activos que ofrece el mercado para operar y la realidad es que nuestro tiempo vale oro.

Algo importante a destacar es que los catalogadores suelen funcionar bien para cualquier bróker operando activos en horario de mercado abierto y funcionan correctamente en mercados OTC (horario de mercados cerrados) en los mismos Brókeres donde se recogen los datos para calcular la efectividad.

Si se desea operar con cualquier activo en horarios OTC se debe utilizar el mismo Bróker de donde recogen los datos los catalogadores o mismo Bróker que utilizamos para catalogar en forma manual.

"Hay que tener presente que en mercados OTC los datos del movimiento de precio de un activo pueden variar de un Bróker a otro".

Es conveniente hacer un testeo previo de resultados, ya sea usando un catalogador o la catalogación manual para corroborar la efectividad de posibles estrategias a utilizar antes de decidir personalmente operar con dinero real o no, recordar siempre que la elección de nuestra mejor estrategia depende exclusivamente de su efectividad porcentual en ese momento.

DECISIÓN Y OPERACIONES

Para decidir si operamos o no debemos respetar la regla clave: *Si al analizar las velas de decisión una es un DOGI "vela sin cuerpo o cuerpo muy pequeño", como regla estricta NO OPERAREMOS en base a dicha información.*

Las estrategias a seleccionar serán las que se ajusten al tipo de estrategia y la efectividad ya mencionada, conociendo a la perfección todas las estrategias.

CUADRANTES Y POSIBLES OPERACIONES

Se utilizan cuadrantes de 5 minutos con cinco velas japonesas de 1 minuto.

Es necesario ajustar los gráficos en el Bróker que utilicemos usando velas japonesas de 1 minuto de duración y colocar líneas cíclicas verticales cada 5 minutos, justo entre velas del minuto terminado en 9 y 0 por un lado y por otro lado justo entre velas del minuto terminado en 4 y 5. Esta división de cuadrantes nos permitirá detectar rápidamente los patrones de la estrategia a utilizar, si es conveniente operar o no, el sentido de nuestras operaciones (arriba o abajo) y las velas donde debemos abrir operaciones en base a nuestro sencillo análisis.

ANALISIS Y OPERACIONES EN CUADRANTES 0 A 4 Y 5 A 9

| 0 | 1 | **2** | **3** | **4** | *AMARILLO: VELAS DE DECISÍON* |

En cuadrantes de 5 minutos en minutos terminados en 0, 1, 2, 3 y 4 se analiza la tercera vela de minuto terminado en 2 *comenzando a abrir operación inicial a favor del color de esa vela en el mismo cuadrante (minutos horarios terminados en 3 y 4) y en el cuadrante siguiente posibles operaciones con 2do paso de martingala (minuto 5).* Se opera *siempre a 1 minuto de vencimiento.*

| **5** | 6 | 7 | 8 | 9 | *CELESTE: VELAS DE POSIBLES OPERACIONES* |

Las posibles operaciones serian en minuto terminado en 3, 4 y 5 al inició de cada vela en su segundo 00 y con vencimiento exacto al cierre de misma vela.

Operación inicial justo al inicio de vela de minuto terminado en 3 segundo 00 con vencimiento en vela siguiente de minuto terminado en 4 segundo 00. Si se pierde operación inicial se puede hacer *primer paso de martingala* justo al inicio de vela de minuto terminado en 4 segundo 00 con vencimiento en vela siguiente de minuto terminado en 5 segundo 00. Si se pierde operación inicial y primer paso de martingala se puede hacer un *segundo y último paso de martingala* justo al inicio de vela de minuto terminado en 5 segundo 00 con vencimiento en vela siguiente de minuto terminado en 6 segundo 00.

ANALISIS Y OPERACIONES EN CUADRANTES 5 A 9 Y 0 A 4

| 5 | 6 | **7** | **8** | **9** | *AMARILLO: VELAS DE DECISÍON* |

En cuadrantes de 5 minutos en minutos terminados en 5, 6, 7, 8 y 9 se analiza la tercera vela de minuto terminado en 7 *comenzando a abrir operación inicial a favor del color de esa vela en el mismo cuadrante (minutos horarios terminados en 8 y 9) y en el cuadrante siguiente posibles operaciones con 2do paso de martingala (minuto 0).* Se opera *siempre a 1 minuto de vencimiento.*

| **0** | 1 | 2 | 3 | 4 | *CELESTE: VELAS DE POSIBLES OPERACIONES* |

Las posibles operaciones serian en minuto terminado en 8, 9 y 0 al inició de cada vela en su segundo 00 y con vencimiento exacto al cierre de misma vela.

Operación inicial justo al inicio de vela de minuto terminado en 8 segundo 00 con vencimiento en vela siguiente de minuto terminado en 9 segundo 00. Si se pierde operación inicial se puede hacer *primer paso de martingala* justo al inicio de vela de minuto terminado en 9 segundo 00 con vencimiento en vela siguiente de minuto terminado en 0 segundo 00. Si se pierde operación inicial y primer paso de martingala se puede hacer un *segundo y último paso de martingala* justo al inicio de vela de minuto terminado en 0 segundo 00 con vencimiento en vela siguiente de minuto terminado en 1 segundo 00.

FICHA TÉCNICA: TRES MOSQUETEROS (Versión clásica)

Momento ideal para usarla: Si la estrategia tiene una alta efectividad porcentual (datos del catalogador o recolectados manualmente).
Efectividad recomendada: Uso sin martingala más de 60%, con un paso de martingala más de 80%, con dos pasos de martingala 100% de efectividad.

Explicación de la estrategia:

- **TRES MOSQUETEROS: Consiste en analizar el color de la tercera vela del cuadrante de 5 minutos y comenzar a abrir operaciones en el mismo cuadrante *SIEMPRE A FAVOR DEL COLOR O SENTIDO DE LA TERCER VELA*, las posibles operaciones serian a un minuto de vencimiento en la 4° y 5° vela del mismo cuadrante y en 1° vela del cuadrante siguiente hasta ganar o perder como máximo en dos pasos de martingala.**
- Analizar cuadrantes de 5 minutos (cinco velas japonesas de un minuto) Los cuadrantes de minutos horarios que se deben analizar son:
- Los terminados en minuto 0, 1, 2, 3 y 4 se operan en minuto terminado en 3, 4 y 5 hasta ganar o perder en un segundo paso de martingala.
- Los terminados en minuto 5, 6, 7, 8 y 9 se operan en minuto terminado en 8, 9 y 0 hasta ganar o perder en un segundo paso de martingala.
- Siempre que analizamos la información del cuadrante operaremos en el mismo cuadrante en la 4° y 5° vela y en el siguiente cuadrante en la 1° vela, respetando la REGLA CLAVE.

PEJ: Analizamos el cuadrante horario: 15:10, 15:11, 15:12, 15:13, 15:14 (La 3° vela es la que debemos analizar para tomar una decisión sobre si operaremos o no y en caso de operar el sentido de las operaciones: arriba o abajo) y las posibles operaciones serian en el mismo cuadrante en la 4° y 5° vela a las 15:13:00 y 15:14:00, y luego en la 1° velas del siguiente cuadrante a las 15:15:00 (Todas las operaciones se realizan a 1 minuto de expiración o vencimiento.)
REGLA CLAVE: Si al analizar las velas de decisión una es un DOGI "vela sin cuerpo o cuerpo muy pequeño", como regla estricta NO OPERAREMOS en el cuadrante siguiente. Para operar debemos hacer un nuevo análisis del cuadrante actual.

- **OPERACIÓN INICIAL: La primera operación se abre justo al inicio de la 4° vela del mismo cuadrante (Min horario terminado en 3:00 o 8:00).**
- PRIMER PASO DE MARTINGALA: En caso de pérdida en la operación inicial se aplica el primer paso de martingala en una segunda operación justo al inicio de la 5° vela del mismo cuadrante. (Minuto 4:00 o 9:00)
- SEGUNDO PASO DE MARTINGALA: Si perdemos en la segunda operación se aplica un segundo paso de martingala en una tercera operación al inicio de la 1° vela del siguiente cuadrante. (Min 5:00 o 0:00)

Si se pierde tras la tercera operación se acepta la pérdida definitiva no arriesgando más capital. Si se gana en cualquiera de los tres pasos de martingala no se opera más hasta el siguiente cuadrante, volviendo a operar con el capital pautado por nuestras reglas de gestión monetaria y riesgos.

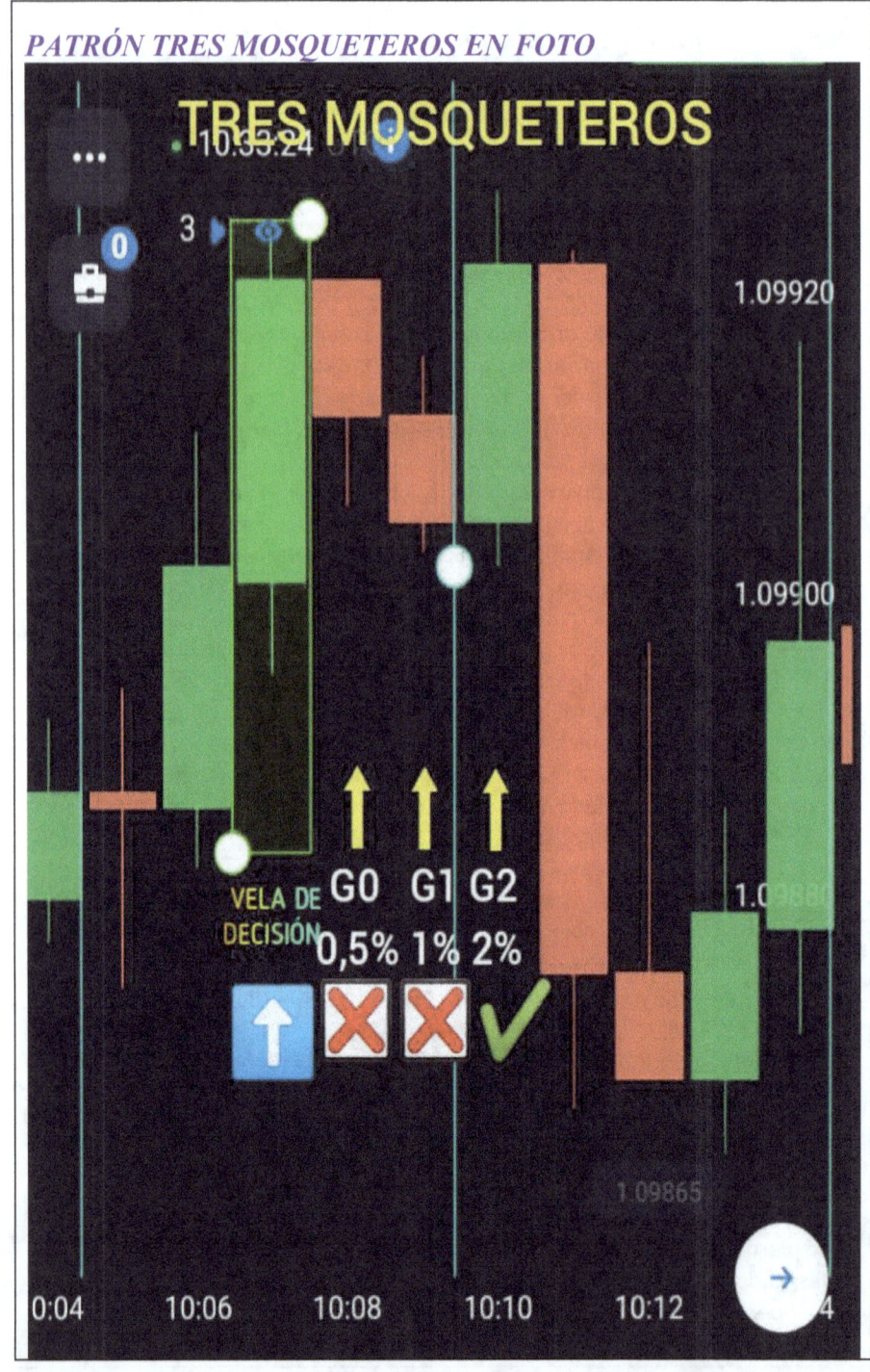

REFERENCIAS

| |: Lineas ciclicas verticales dividen cuadrantes de tiempo del minuto terminado en 0 al 4 y 5 al 9 y minuto 0 al 9 (5 y 10 MINUTOS)

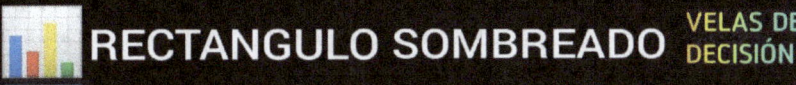 RECTANGULO SOMBREADO VELAS DE DECISIÓN

DECISIÓN CALL ARRIBA SUBE

DECISIÓN PUT ABAJO BAJA

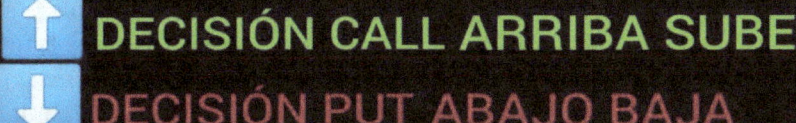 DIRECCIÓN OPERACIONES

GESTIÓN MONETARIA:

Se calcula sobre el capital inicial

G0: OPERACIÓN INICIAL 0,5%

G1: 1ER PASO DE MARTINGALA 1%

G2: 2DO PASO DE MARTINGALA 2%

 OPERACION PÉRDIDA

 OPERACION GANADA

EXPLICACIÓN DEL PATRÓN TRES MOSQUETEROS (Clásica)

Seguir la explicación guiándose con la foto previa del Patrón 3 mosqueteros:

- Primero que nada, debemos usar esta estrategia si el catalogador o nuestro testeo manual nos indica que tiene la efectividad correcta y en activos que paguen como mínimo un 87% de beneficios.

- En el gráfico podemos observar que está configurado con velas japonesas de 1 minuto de duración.

- Los cuadrantes de 5 minutos están divididos en forma correcta con líneas cíclicas verticales de color celeste justo entre las velas japonesas de minutos terminados en 4 y 5 (10:04 - 10:05 y 10:14 – 10:15) por un lado y por otro lado 9 y 0 (10:09 - 10:10) quedando perfectamente definidos los cuadrantes de 5 minutos.

- El rectángulo sombreado verde nos marca la vela de decisión que debemos analizar para operar o no. (Herramienta opcional)

- La vela de decisión de referencia es la tercera del cuadrante, tiene cuerpo y se opera en el mismo cuadrante y cuadrante siguiente.

- La única vela de decisión que debemos analizar es verde por lo cual abriremos operaciones a favor del sentido y color verde o *"CALL, sube o arriba"*

- Nuestra primera operación sería utilizando el 0,5% del capital inicial en la cuarta vela del mismo cuadrante abriendo la operación *"CALL, sube o arriba"* justo a las 10:08:00 a un minuto de vencimiento a las 10:09:00, según el gráfico en esta operación se pierde debiendo hacer un primer paso de martingala.

- Primer paso de martingala consiste en utilizar el 1% del capital inicial en la quinta vela del mismo cuadrante abriendo la operación *"CALL, sube o arriba"* justo a las 10:09:00 a un minuto de vencimiento a las 10:10:00, en esta operación según el gráfico se pierde debiendo hacer un segundo y último paso de martingala.

- 2do paso de martingala consiste en utilizar el 2% del capital inicial en la 1ra vela del siguiente cuadrante abriendo la operación *"CALL, sube o arriba"* justo a las 10:10:00 a un minuto de vencimiento a las 10:11:00, en esta operación según el gráfico se gana recuperando las dos pérdidas iniciales y dejándonos una pequeña ganancia.

- Las estrategias probabilísticas se usan hasta ganar o perder en un 2do paso de martingala, si se pierde en un 2do paso de martingala no se debe arriesgar más dinero y aceptar la pérdida ya que *"una correcta gestión monetaria y de riesgos son los elementos clave que nos ayudarán a lograr alcanzar la rentabilidad"*. En caso de ganar o perder se vuelve a hacer un nuevo análisis para próximas operaciones.

¿CÓMO USAR EL PATRÓN 3 MOSQUETEROS PASO A PASO?

PRIMERO: Definir qué tipo de gestión monetaria utilizaremos para nuestra estrategia. Sin martingala, con un paso de martingala o hasta dos pasos de martingala. Jamás exceder los dos pasos de martingala y respetar la regla del máximo de inversión del 1% o 2% del capital inicial por operación.

SEGUNDO: Identificar en forma manual o con catalogador cual puede ser nuestra mejor estrategia probabilística y en que activo financiero en base a la efectividad porcentual. Para estrategias sin martingala mínimamente un 60% de efectividad, para estrategias con un solo paso de martingala mínimamente un 80% de efectividad (efectividad de operación inicial G0 más efectividad del primer paso de martingala G1), para estrategias con hasta dos pasos de martingala un 100% de efectividad (efectividad de operación inicial G0 más primer paso de martingala G1 más segundo paso de martingala G2).

TERCERO: Una vez detectada nuestra mejor estrategia por efectividad en un activo, hay que corroborar en el Bróker que los beneficios sean de al menos un 87%, si no lo son hay que buscar otro activo que cumpla dichas premisas.

CUARTO: Seleccionar en nuestro Bróker el activo que el catalogador o catalogación manual indiquen nuestra posible mejor estrategia.

QUINTO: Utilizar en la plataforma de nuestro Bróker velas japonesas de 1 minuto de duración, ajustar la imagen y dividir en cuadrantes de 5 minutos con líneas cíclicas verticales justo entre velas de minutos horarios terminados en 9 y 0 por un lado y justo entre velas minutos horarios terminados en 4 y 5.

SEXTO: Hacer un testeo visual rápido de operaciones previas para corroborar si la efectividad de nuestra estrategia se viene cumpliendo o no.

SEPTIMO: Identificar en los cuadrantes velas de decisión de operaciones, decidir si es conveniente operar o no y en caso de operar el sentido de nuestras operaciones.

OCTAVO: Operar tal cual indica nuestra estrategia en las velas indicadas para la operación inicial, primer paso de martingala y segundo paso de martingala.

NOVENO: Establecer si vamos a operar por tiempo, cantidad de operaciones o establecer un stop razonable de ganancias (+3 +5%) y de perdidas (-10%) para la sesión de trading, establecer tiempo de descanso adecuado tras un stop.

DECIMO: Registrar nuestras operaciones y resultados en un diario de Trading para evaluar si nuestro plan de trading es consistente a largo plazo.

¿CÓMO MEJORAR LA ESTRATEGIA TRES MOSQUETEROS?

Como vimos en la foto previa del patrón de la estrategia TRES MOSQUETEROS en su versión clásica no existe un análisis previo de la acción del precio y fuerza de vela previa antes de operar, lo cual empeora las probabilidades de éxito de nuestras operaciones.

Para mejorar la efectividad de la estrategia TRES MOSQUETEROS le vamos a agregar una vela de confirmación de operación y solo operaremos si se da esta vela de confirmación que necesitamos.

VELA DE CONFIRMACIÓN PARA LA ESTRATEGIA TRES MOSQUETEROS

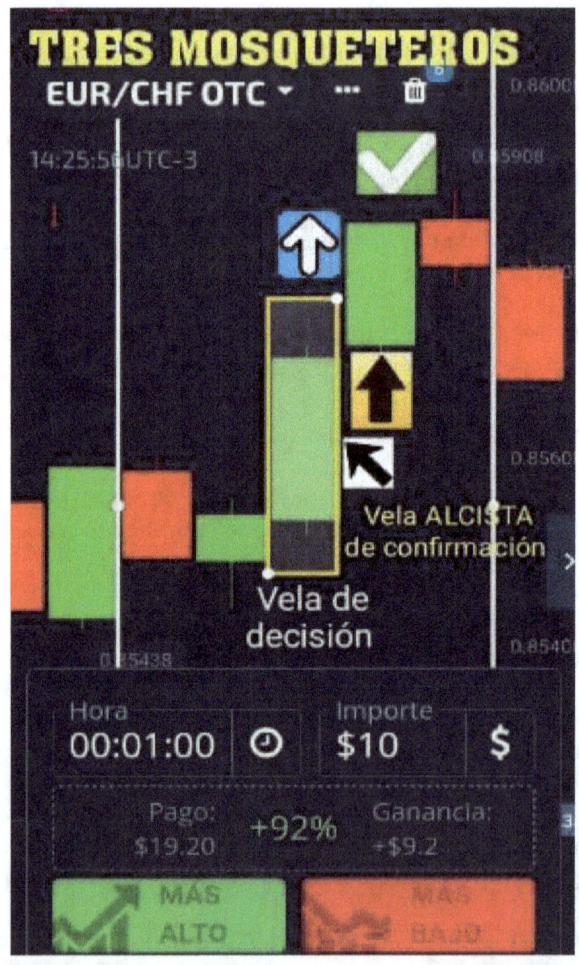

Como vemos en la foto previa la estrategia TRES MOSQUETEROS nos indica operar hacia arriba y previo a la operación existe una gran vela de confirmación ==ALCISTA *(Gran cuerpo y mechas cortas)*== resultando la operación ganadora.

Para mejorar nuestra operativa con la estrategia TRES MOSQUEROS entonces vamos a agregar una vela de confirmación considerando lo siguiente:

- Siempre observaremos la vela previa a la operación (vela de confirmación), analizaremos el tamaño de su cuerpo y de sus mechas.
- Si nuestra estrategia nos indica operar hacia arriba la vela de confirmación debe ser ==ALCISTA *de gran cuerpo o cuerpo medio sin mechas o con mechas cortas*==. Si se da este tipo de vela *==podemos operar con una mayor probabilidad de éxito==*.
- Si nuestra estrategia nos indica operar hacia arriba y la vela de confirmación es ==ALCISTA *de gran cuerpo o cuerpo medio con mechas largas* ==*no es conveniente operar* ya que hay indecisión en el precio y una lucha entre compradores y vendedores.
- Si nuestra estrategia nos indica operar hacia abajo la vela de confirmación debe ser ==BAJISTA *de gran cuerpo o cuerpo medio sin mechas o con mechas cortas*==. Si se da este tipo de vela *==podemos operar con una mayor probabilidad de éxito==*.
- Si nuestra estrategia nos indica operar hacia abajo y la vela de confirmación es ==BAJISTA *de gran cuerpo o cuerpo medio con mechas largas* ==*no es conveniente operar* ya que hay indecisión en el precio y una lucha entre compradores y vendedores.
- Si la vela de confirmación tiene *==un cuerpo pequeño no es conveniente operar==* ya que este tipo de vela indica indecisión entre los compradores y vendedores teniendo *==mayores probabilidades de perder que de ganar==*.

¿POR QUÉ AGREGAR UNA VELA DE CONFIRMACIÓN MEJORA LA EFECTIVIDAD DE LA ESTRATEGÍA TRES MOSQUETEROS?

Básicamente las estrategias probabilísticas nos indican la efectividad de ciertos patrones de velas durante las últimas dos horas y agregar una vela de confirmación nos ayuda a reducir las falsas señales para evitar posibles operaciones perdedoras.

La confirmación mediante una vela adicional puede proporcionar una validación extra de la dirección del mercado, ayudando a filtrar señales menos fiables aumentando la probabilidad de éxito en las operaciones.

"La vela de confirmación es un elemento importante para tratar de evitar operaciones perdedoras y lograr más operaciones ganadoras"

CAPÍTULO 6:

ESTRATEGIA TRES VECINOS

USO IDEAL DE LA ESTRATEGIA TRES VECINOS

El uso ideal de la estrategia TRES VECINOS depende de seleccionar dicha estrategia cuando tenga una efectividad porcentual adecuada y en activos *__que paguen beneficios no menores al 87%__* por cada operación ganada.

BENEFICIOS, EFECTIVIDAD Y GESTIÓN MONETARIA
BENEFICIOS
Operar siempre activos que paguen como mínimo 87% de beneficios
ESTRATEGIAS SIN MARTINGALA
Efectividad mínima 60% para operación inicial (G0) Gestión monetaria: 1% a 2% del capital inicial por operación
ESTRATEGIAS CON UN PASO DE MARTINGALA
Efectividad mínima 80% para operación inicial + 1er paso de martingala Gestión monetaria: 0,50% a 1% del capital en la operación inicial y 1 a 2% del capital inicial en el primer paso de martingala (Doblar el monto inicial)
ESTRATEGIAS CON DOS PASOS DE MARTINGALA
Efectividad mínima 100% para operación inicial + 1er paso de martingala + 2do paso de martingala. Gestión monetaria: 0,50% del capital en la operación inicial, 1% del capital inicial en el primer paso de martingala y 2% del capital inicial en un segundo y último paso de martingala.
Cada estrategia se usa con la gestión estipulada hasta ganar o perder en segundo paso de martingala no arriesgando más capital para esa operación.

CATALOGACIÓN PARA DECIDIR

A la hora de decidir qué estrategia puede ser la mejor a utilizar podemos usar la información de un catalogador o hacer un análisis manual de las estrategias. La gran ventaja de usar un catalogador es que nos ahorra muchísimo tiempo y es un servicio gratis o bastante económico teniendo en cuenta los beneficios económicos potenciales que nos puede brindar. Un catalogador nos brinda la información de la efectividad de las estrategias probabilísticas en la mayoría de pares de divisas que hay en los mercados pudiendo detectar en tiempo real

que estrategias tienen un 100% de efectividad incrementando así nuestras probabilidades reales de ganar, si esto lo tendríamos que hacer manualmente ocuparíamos horas y horas para analizar las 18 estrategias probabilísticas en los múltiples activos que ofrece el mercado para operar y la realidad es que nuestro tiempo vale oro.

Algo importante a destacar es que los catalogadores suelen funcionar bien para cualquier bróker operando activos en horario de mercado abierto y funcionan correctamente en mercados OTC (horario de mercados cerrados) en los mismos Brókeres donde se recogen los datos para calcular la efectividad.

Si se desea operar con cualquier activo en horarios OTC se debe utilizar el mismo Bróker de donde recogen los datos los catalogadores o mismo Bróker que utilizamos para catalogar en forma manual.

"Hay que tener presente que en mercados OTC los datos del movimiento de precio de un activo pueden variar de un Bróker a otro".

Es conveniente hacer un testeo previo de resultados, ya sea usando un catalogador o la catalogación manual para corroborar la efectividad de posibles estrategias a utilizar antes de decidir personalmente operar con dinero real o no, recordar siempre que la elección de nuestra mejor estrategia depende exclusivamente de su efectividad porcentual en ese momento.

DECISIÓN Y OPERACIONES

Para decidir si operamos o no debemos respetar la regla clave: *Si al analizar las velas de decisión una es un DOGI "vela sin cuerpo o cuerpo muy pequeño", como regla estricta NO OPERAREMOS en base a dicha información.*

Las estrategias a seleccionar serán las que se ajusten al tipo de estrategia y la efectividad ya mencionada, conociendo a la perfección todas las estrategias.

CUADRANTES Y POSIBLES OPERACIONES

Se utilizan cuadrantes de 5 minutos con cinco velas japonesas de 1 minuto.

Es necesario ajustar los gráficos en el Bróker que utilicemos usando velas japonesas de 1 minuto de duración y colocar líneas cíclicas verticales cada 5 minutos, justo entre velas del minuto terminado en 9 y 0 por un lado y por otro lado justo entre velas del minuto terminado en 4 y 5. Esta división de cuadrantes nos permitirá detectar rápidamente los patrones de la estrategia a utilizar, si es conveniente operar o no, el sentido de nuestras operaciones (arriba o abajo) y las velas donde debemos abrir operaciones en base a nuestro sencillo análisis.

ANALISIS Y OPERACIONES EN CUADRANTES 0 A 4 Y 5 A 9

| 0 | 1 | 2 | 3 | 4 | AMARILLO: VELAS DE DECISIÓN |

En cuadrantes de 5 minutos en minutos terminados en 0, 1, 2, 3 y 4 se analiza la cuarta vela de minuto terminado en 3 *comenzando a abrir operación inicial a favor del color de esa vela en el mismo cuadrante (minuto horario terminado en 4) y en el cuadrante siguiente posibles operaciones con 1er y 2do paso de martingala.* Se opera *siempre a 1 minuto de vencimiento.*

| 5 | 6 | 7 | 8 | 9 | CELESTE: VELAS DE POSIBLES OPERACIONES |

Las posibles operaciones serian en minuto terminado en 4, 5 y 6 al inició de cada vela en su segundo 00 y con vencimiento exacto al cierre de misma vela.

Operación inicial justo al inicio de vela de minuto terminado en 4 segundo 00 con vencimiento en vela siguiente de minuto terminado en 5 segundo 00. Si se pierde operación inicial se puede hacer *primer paso de martingala* justo al inicio de vela de minuto terminado en 5 segundo 00 con vencimiento en vela siguiente de minuto terminado en 6 segundo 00. Si se pierde operación inicial y primer paso de martingala se puede hacer un *segundo y último paso de martingala* justo al inicio de vela de minuto terminado en 6 segundo 00 con vencimiento en vela siguiente de minuto terminado en 7 segundo 00.

ANALISIS Y OPERACIONES EN CUADRANTES 5 A 9 Y 0 A 4

| 5 | 6 | 7 | 8 | 9 | AMARILLO: VELAS DE DECISIÓN |

En cuadrantes de 5 minutos en minutos terminados en 5, 6, 7, 8 y 9 se analiza la cuarta vela de minuto terminado en 8 *comenzando a abrir operación inicial a favor del color de esa vela en el mismo cuadrante (minuto horario terminado en 9) y en el cuadrante siguiente posibles operaciones con 1er y 2do paso de martingala.* Se opera *siempre a 1 minuto de vencimiento.*

| 0 | 1 | 2 | 3 | 4 | CELESTE: VELAS DE POSIBLES OPERACIONES |

Las posibles operaciones serian en minuto terminado en 9, 0 y 1 al inició de cada vela en su segundo 00 y con vencimiento exacto al cierre de misma vela.

Operación inicial justo al inicio de vela de minuto terminado en 9 segundo 00 con vencimiento en vela siguiente de minuto terminado en 0 segundo 00. Si se pierde operación inicial se puede hacer *primer paso de martingala* justo al inicio de vela de minuto terminado en 0 segundo 00 con vencimiento en vela siguiente de minuto terminado en 1 segundo 00. Si se pierde operación inicial y primer paso de martingala se puede hacer un *segundo y último paso de martingala* justo al inicio de vela de minuto terminado en 1 segundo 00 con vencimiento en vela siguiente de minuto terminado en 2 segundo 00.

FICHA TÉCNICA: TRES VECINOS (Versión clásica)

Momento ideal para usarla: Si la estrategia tiene una alta efectividad porcentual (datos del catalogador o recolectados manualmente).

Efectividad recomendada: Uso sin martingala más de 60%, con un paso de martingala más de 80%, con dos pasos de martingala 100% de efectividad.

Explicación de la estrategia:

- **TRES VECINOS: Consiste en analizar el color de la cuarta vela del cuadrante de 5 minutos y comenzar a abrir operaciones en el mismo cuadrante *SIEMPRE A FAVOR DEL COLOR O SENTIDO DE LA CUARTA VELA*, las posibles operaciones serian a un minuto de vencimiento en la 5° vela del mismo cuadrante y en la 1° y 2 vela del cuadrante siguiente hasta ganar o perder como máximo en dos pasos de martingala.**
- **Analizar cuadrantes de 5 minutos (cinco velas japonesas de un minuto) Los cuadrantes de minutos horarios que se deben analizar son:**
- **Los terminados en minuto 0, 1, 2, 3 y 4 se operan en minuto terminado en 4, 5 y 6 hasta ganar o perder en un segundo paso de martingala.**
- **Los terminados en minuto 5, 6, 7, 8 y 9 se operan en minuto terminado en 9, 0 y 1 hasta ganar o perder en un segundo paso de martingala.**
- **Siempre que analizamos la información del cuadrante operaremos en el mismo cuadrante en la 5° vela y en el siguiente cuadrante en la 1° y 2° vela, respetando la REGLA CLAVE.**

PEJ: Analizamos el cuadrante horario: 15:10, 15:11, 15:12, 15:13, 15:14 (La 4° vela es la que debemos analizar para tomar una decisión sobre si operaremos o no y en caso de operar el sentido de las operaciones: arriba o abajo) y las posibles operaciones serian en el mismo cuadrante en la 5° vela a las 15:14:00 y luego en la 1° y 2° vela del siguiente cuadrante a las 15:15:00 y 15:16:00 (Todas las operaciones se realizan a 1 minuto de expiración o vencimiento.)

REGLA CLAVE: Si al analizar las velas de decisión una es un DOGI "vela sin cuerpo o cuerpo muy pequeño", como regla estricta NO OPERAREMOS en el cuadrante siguiente. Para operar debemos hacer un nuevo análisis del cuadrante actual.

- **OPERACIÓN INICIAL: La primera operación se abre justo al inicio de la 5° vela del mismo cuadrante (Min horario terminado en 4:00 o 9:00).**
- **PRIMER PASO DE MARTINGALA: En caso de pérdida en la operación inicial se aplica el primer paso de martingala en una segunda operación justo al inicio de la 1° vela del cuadrante siguiente. (Minuto 5:00 o 0:00)**
- **SEGUNDO PASO DE MARTINGALA: Si perdemos en la segunda operación se aplica un segundo paso de martingala en una tercera operación al inicio de la 2° vela del siguiente cuadrante. (Min 6:00 o 1:00)**

Si se pierde tras la tercera operación se acepta la pérdida definitiva no arriesgando más capital. Si se gana en cualquiera de los tres pasos de martingala no se opera más hasta el siguiente cuadrante, volviendo a operar con el capital pautado por nuestras reglas de gestión monetaria y riesgos.

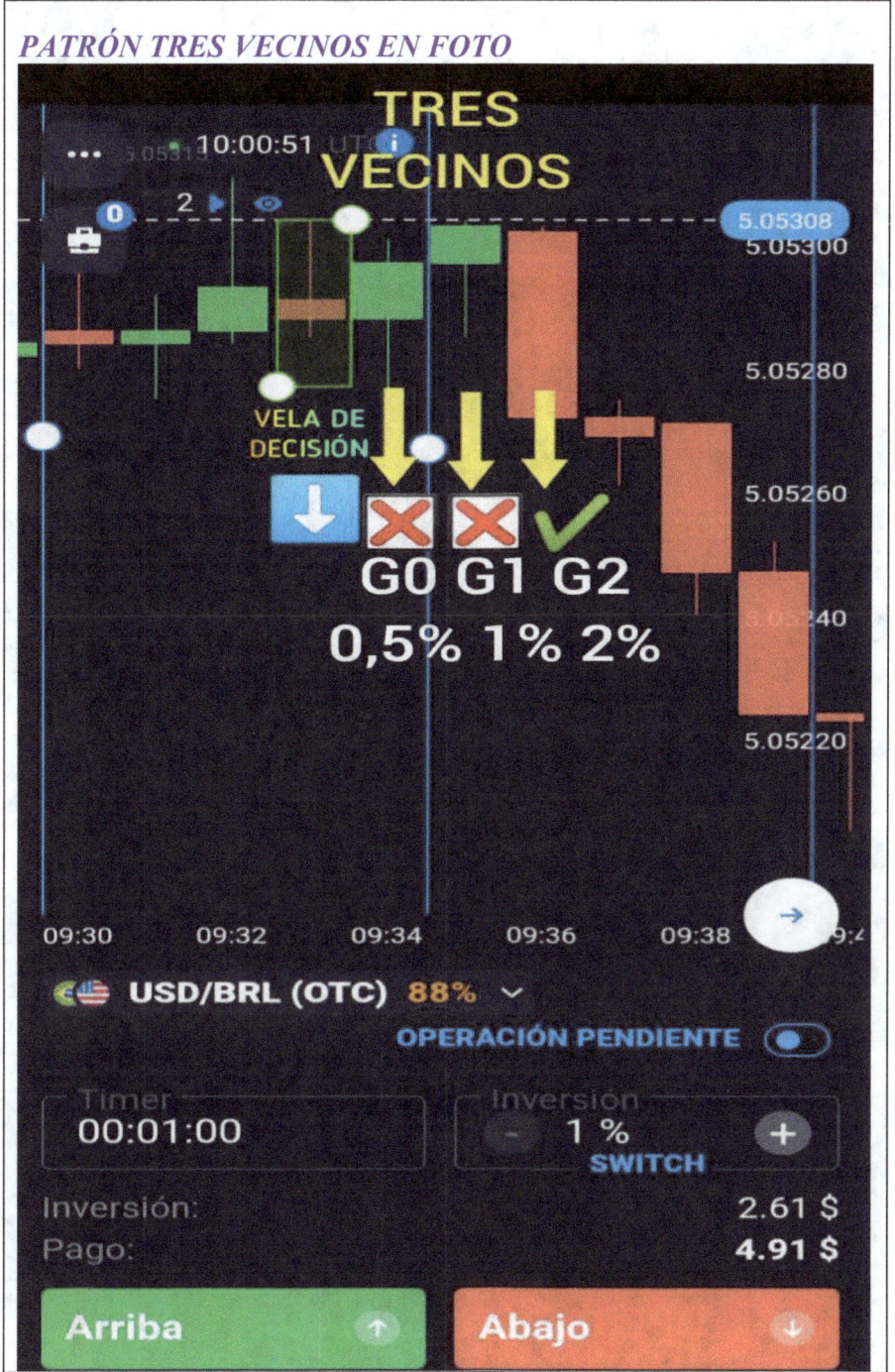

REFERENCIAS

║╫: Lineas ciclicas verticales dividen cuadrantes de tiempo del minuto terminado en 0 al 4 y 5 al 9 y minuto 0 al 9 (5 y 10 MINUTOS)

 RECTANGULO SOMBREADO VELAS DE DECISIÓN

DECISIÓN CALL ARRIBA SUBE

DECISIÓN PUT ABAJO BAJA

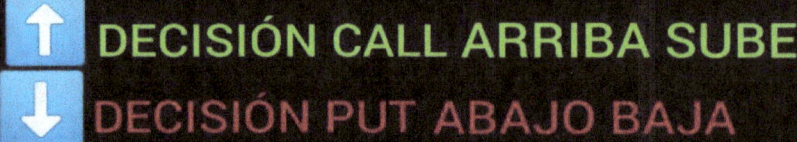 DIRECCIÓN OPERACIONES

GESTIÓN MONETARIA:

 Se calcula sobre el capital inicial

G0: OPERACIÓN INICIAL 0,5%

G1: 1ER PASO DE MARTINGALA 1%

G2: 2DO PASO DE MARTINGALA 2%

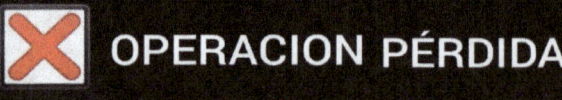 OPERACION PÉRDIDA

 OPERACION GANADA

EXPLICACIÓN DEL PATRÓN TRES VECINOS (Versión clásica)

Seguir la explicación guiándose con la foto previa del Patrón tres vecinos:

- Primero que nada, debemos usar esta estrategia si el catalogador o nuestro testeo manual nos indica que tiene la efectividad correcta y en activos que paguen como mínimo un 87% de beneficios.
- En el gráfico podemos observar que está configurado con velas japonesas de 1 minuto de duración.
- Los cuadrantes de 5 minutos están divididos en forma correcta con líneas cíclicas verticales de color azul justo entre las velas japonesas de minutos terminados en 9 y 0 (09:29 - 09:30 y 09:39 – 09:40) por un lado y por otro lado 4 y 5 (09:34 - 09:35) quedando perfectamente definidos los cuadrantes de 5 minutos.
- El rectángulo sombreado verde nos marca la vela de decisión que debemos analizar para operar o no. (Herramienta opcional)
- La vela de decisión de referencia es la cuarta del cuadrante, tiene cuerpo y se opera en el mismo cuadrante y cuadrante siguiente.
- La única vela de decisión que debemos analizar es roja por lo cual abriremos operaciones a favor del sentido y color rojo o *"PUT, baja o abajo"*
- Nuestra primera operación sería utilizando el 0,5% del capital inicial en la quinta vela del mismo cuadrante abriendo la operación *"PUT, baja o abajo"* justo a las 09:34:00 a un minuto de vencimiento a las 09:35:00, según el gráfico en esta operación se pierde debiendo hacer un primer paso de martingala.
- Primer paso de martingala consiste en utilizar el 1% del capital inicial en la primera vela del cuadrante siguiente abriendo la operación *"PUT, baja o abajo"* justo a las 09:35:00 a un minuto de vencimiento a las 09:36:00, en esta operación según el gráfico se pierde debiendo hacer un segundo y último paso de martingala.
- Segundo paso de martingala consiste en utilizar el 2% del capital inicial en la segunda vela abriendo la operación *"PUT, baja o abajo"* justo a las 09:36:00 a un minuto de vencimiento a las 09:37:00, en esta operación según el gráfico se gana recuperando las dos pérdidas iniciales y dejándonos una pequeña ganancia.
- Las estrategias probabilísticas se usan hasta ganar o perder en un 2do paso de martingala, si se pierde en un 2do paso de martingala no se debe arriesgar más dinero y aceptar la pérdida ya que *"una correcta gestión monetaria y de riesgos son los elementos clave que nos ayudarán a lograr alcanzar la rentabilidad"*. En caso de ganar o perder se vuelve a hacer un nuevo análisis para próximas operaciones.

¿CÓMO USAR LA ESTRATEGIA TRES VECINOS PASO A PASO?

PRIMERO: Definir qué tipo de gestión monetaria utilizaremos para nuestra estrategia. Sin martingala, con un paso de martingala o hasta dos pasos de martingala. Jamás exceder los dos pasos de martingala y respetar la regla del máximo de inversión del 1% o 2% del capital inicial por operación.

SEGUNDO: Identificar en forma manual o con catalogador cual puede ser nuestra mejor estrategia probabilística y en que activo financiero en base a la efectividad porcentual. Para estrategias sin martingala mínimamente un 60% de efectividad, para estrategias con un solo paso de martingala mínimamente un 80% de efectividad (efectividad de operación inicial G0 más efectividad del primer paso de martingala G1), para estrategias con hasta dos pasos de martingala un 100% de efectividad (efectividad de operación inicial G0 más primer paso de martingala G1 más segundo paso de martingala G2).

TERCERO: Una vez detectada nuestra mejor estrategia por efectividad en un activo, hay que corroborar en el Bróker que los beneficios sean de al menos un 87%, si no lo son hay que buscar otro activo que cumpla dichas premisas.

CUARTO: Seleccionar en nuestro Bróker el activo que el catalogador o catalogación manual indiquen nuestra posible mejor estrategia.

QUINTO: Utilizar en la plataforma de nuestro Bróker velas japonesas de 1 minuto de duración, ajustar la imagen y dividir en cuadrantes de 5 minutos con líneas cíclicas verticales justo entre velas de minutos horarios terminados en 9 y 0 por un lado y justo entre velas minutos horarios terminados en 4 y 5.

SEXTO: Hacer un testeo visual rápido de operaciones previas para corroborar si la efectividad de nuestra estrategia se viene cumpliendo o no.

SEPTIMO: Identificar en los cuadrantes velas de decisión de operaciones, decidir si es conveniente operar o no y en caso de operar el sentido de nuestras operaciones.

OCTAVO: Operar tal cual indica nuestra estrategia en las velas indicadas para la operación inicial, primer paso de martingala y segundo paso de martingala.

NOVENO: Establecer si vamos a operar por tiempo, cantidad de operaciones o establecer un stop razonable de ganancias (+3 +5%) y de perdidas (-10%) para la sesión de trading, establecer tiempo de descanso adecuado tras un stop.

DECIMO: Registrar nuestras operaciones y resultados en un diario de Trading para evaluar si nuestro plan de trading es consistente a largo plazo.

¿CÓMO MEJORAR LA ESTRATEGIA TRES VECINOS?

Como vimos en la foto previa del patrón de la estrategia TRES VECINOS en su versión clásica no existe un análisis previo de la acción del precio y fuerza de vela previa antes de operar, lo cual empeora las probabilidades de éxito de nuestras operaciones.

Para mejorar la efectividad de la estrategia TRES VECINOS le vamos a agregar una vela de confirmación de operación y solo operaremos si se da esta vela de confirmación que necesitamos.

VELA DE CONFIRMACIÓN PARA LA ESTRATEGIA TRES VECINOS

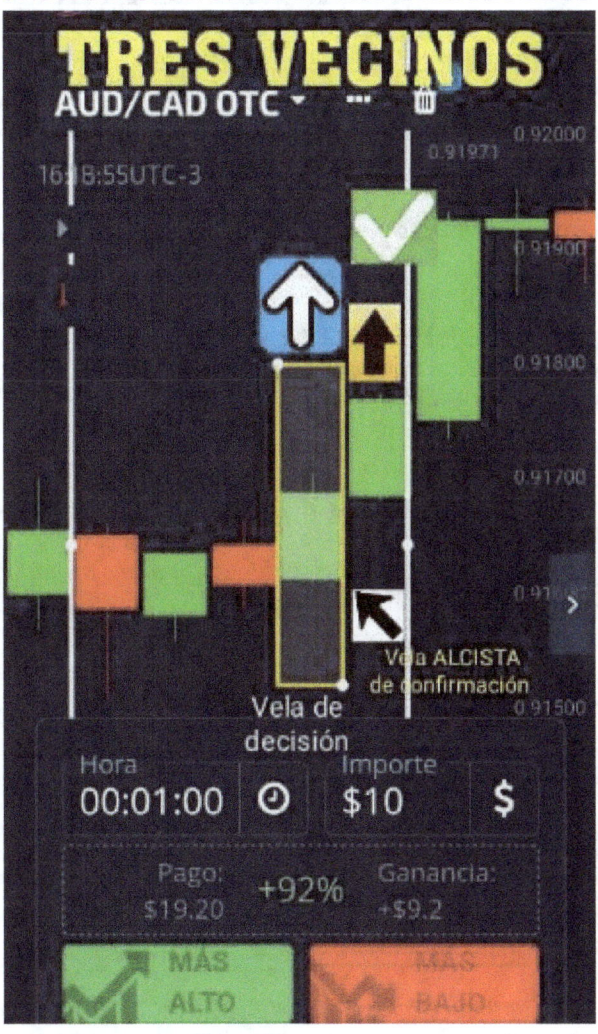

Como vemos en la foto previa la estrategia TRES VECINOS nos indica operar hacia arriba y previo a la operación existe una gran vela de confirmación **ALCISTA** *(Gran cuerpo y mechas cortas)* resultando la operación ganadora.

Para mejorar nuestra operativa con la estrategia TRES VECINOS entonces vamos a agregar una vela de confirmación considerando lo siguiente:

- Siempre observaremos la vela previa a la operación (vela de confirmación), analizaremos el tamaño de su cuerpo y de sus mechas.
- Si nuestra estrategia nos indica operar hacia arriba la vela de confirmación debe ser **ALCISTA** *de gran cuerpo o cuerpo medio sin mechas o con mechas cortas*. Si se da este tipo de vela *podemos operar con una mayor probabilidad de éxito*.
- Si nuestra estrategia nos indica operar hacia arriba y la vela de confirmación es **ALCISTA** *de gran cuerpo o cuerpo medio con mechas largas* *no es conveniente operar* ya que hay indecisión en el precio y una lucha entre compradores y vendedores.
- Si nuestra estrategia nos indica operar hacia abajo la vela de confirmación debe ser **BAJISTA** *de gran cuerpo o cuerpo medio sin mechas o con mechas cortas*. Si se da este tipo de vela *podemos operar con una mayor probabilidad de éxito*.
- Si nuestra estrategia nos indica operar hacia abajo y la vela de confirmación es **BAJISTA** *de gran cuerpo o cuerpo medio con mechas largas* *no es conveniente operar* ya que hay indecisión en el precio y una lucha entre compradores y vendedores.
- Si la vela de confirmación tiene *un cuerpo pequeño no es conveniente operar* ya que este tipo de vela indica indecisión entre los compradores y vendedores teniendo *mayores probabilidades de perder que de ganar*.

¿POR QUÉ AGREGAR UNA VELA DE CONFIRMACIÓN MEJORA LA EFECTIVIDAD DE LA ESTRATEGÍA TRES VECINOS?

Básicamente las estrategias probabilísticas nos indican la efectividad de ciertos patrones de velas durante las últimas dos horas y agregar una vela de confirmación nos ayuda a reducir las falsas señales para evitar posibles operaciones perdedoras.

La confirmación mediante una vela adicional puede proporcionar una validación extra de la dirección del mercado, ayudando a filtrar señales menos fiables aumentando la probabilidad de éxito en las operaciones.

"La vela de confirmación es un elemento importante para tratar de evitar operaciones perdedoras y lograr más operaciones ganadoras"

ADQUIERE NUESTRA SERIE POR TOMOS DE OPCIONES BINARIAS MAESTRAS

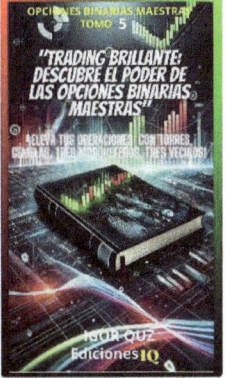

OPCIONES BINARIAS MAESTRAS "DESCUBRE LAS 18 ESTRATEGIAS PROBABILISTICAS PARA TRIUNFAR EN EL TRADING" (Serie de 6 libros) Edición para Kindle (amazon.com)

CAPÍTULO 7:

GESTIÓN AVANZADA DE ELECCIÓN Y EJECUCIÓN DE ESTRATEGIAS PROBABILISTICAS

La gestión es crucial para el éxito en estrategias probabilísticas, donde los catalogadores ofrecen información sobre estrategias con 100% de efectividad en las últimas dos horas.

Sin embargo, esta efectividad no garantiza ganancias, ya que toda estrategia eventualmente puede perder. Los catalogadores no predicen cuándo una estrategia fallará ni garantizan éxitos futuros.

Para obtener mejores resultados y lograr la consistencia, se necesita una GESTIÓN AVANZADA. No basta con elegir una estrategia basándose en el catalogador; se requiere una gestión avanzada para operar con éxito y sobre todo para minimizar pérdidas.

En la gestión avanzada de elección de estrategias probabilísticas, se analiza cuál estrategia tiene las mayores probabilidades de éxito al operar. Esto implica verificar entre las estrategias catalogadas con un 100% de efectividad cuál tiene más posibilidades de ganar en la próxima operación, evitando así posibles operaciones perdedoras.

Para mejorar las estrategias probabilísticas, se utilizan velas de confirmación que ayudan a evitar señales falsas, aumentando la probabilidad de éxito.

Todas las estrategias ejecutadas sin una vela de confirmación tienen mayor probabilidad de perder que de ganar.

En resumen, el enfoque avanzado busca maximizar las oportunidades de éxito y minimizar las operaciones desfavorables.

Cuando aplicamos estrategias probabilísticas y perdemos en la operación inicial, las probabilidades de perder en la siguiente operación o primer paso de martingala en el mismo cuadrante aumentan. Esto se debe a que la vela perdedora inicial puede ser un indicador de continuidad en la misma dirección en las siguientes velas, según las probabilidades. Operar en el mismo cuadrante sin vela de confirmación después de una pérdida no solo va en contra de nuestras posibilidades, sino que también carece de la mejora sustancial que ofrecen las velas de confirmación en la efectividad. Si a pesar de ello se pierde, es crucial no insistir en una estrategia con mayores probabilidades de pérdida que de ganancia.
En cambio, se sugiere ser versátil al cambio y buscar nuevas oportunidades con estrategias diferentes en el mismo o en otro cuadrante.

Para evitar las probabilidades en nuestra contra podemos adaptar nuestra operativa de forma inteligente, cambiando de estrategia y cuadrante tras una operación perdedora, buscando nuevas oportunidades en condiciones óptimas.

Se recomienda:

- Tras una operación perdida, usar una nueva estrategia probabilística con un 100% de efectividad.
- Confirmar cada operación con una vela de confirmación previa.
- Mantener la gestión monetaria (1-2%): 0,5% del capital inicial en la operación inicial, y si se pierde, buscar nuevas estrategias con el 1% y 2% del capital en los primeros pasos de martingala.

Gestión avanzada de estrategias paso a paso:}

1) Seleccionar la mejor estrategia en el catalogador, asegurándose de que pague al menos un 87% de beneficios.
2) Utilizar estrategias con 100% de efectividad y operar solo si hay una vela de confirmación.

3) Evitar operar en cuadrantes con velas DOGI (sin cuerpo o con cuerpo muy pequeño).

4) Aplicar la gestión monetaria en cada operación individual, limitando las pérdidas al 0,5%, 1%, y 2% del capital inicial en los distintos pasos de martingala, sirviendo como límite y stop de pérdidas para un ciclo de operaciones.

GESTIÓN MONETARIA PARA ESTRATEGIAS PROBABILISTICAS

La gestión monetaria se mantiene estrictamente entre el 1-2% del capital inicial por operación en operaciones con estrategias probabilísticas de formato martingala limitado. Siguiendo la regla del 1-2%, la gestión del capital se realiza de la siguiente manera:

Operación inicial con el 0,5% del capital inicial. En caso de ganar, se repite la operación con el 0,5% del capital en el mismo u otro cuadrante, siempre con estrategias de 100% de efectividad y vela de confirmación previa. En caso de pérdida, se pasa al primer paso de martingala con el 1% del capital en otra operación y cuadrante, siguiendo las mismas condiciones.

Primer paso de martingala con el 1% del capital inicial. En caso de ganar, se repite la operación con el 0,5% del capital en el mismo u otro cuadrante, utilizando estrategias con 100% de efectividad y vela de confirmación previa. Si se pierde, se pasa al segundo paso de martingala con el 2% del capital inicial en otra operación y cuadrante, siguiendo las mismas condiciones.

Segundo paso de martingala con el 2% del capital inicial. En caso de ganar, se puede volver a operar con el 0,5% del capital en otra operación en el mismo u otro cuadrante, siempre con estrategias de 100% de efectividad y vela de confirmación previa. En caso de pérdida, se acepta esa pérdida como límite, sin arriesgar más dinero. Si se decide seguir operando tras llegar al límite, se vuelve a utilizar el 0,5% del capital inicial en una nueva operación en un nuevo cuadrante, manteniendo las mismas condiciones.

GUÍA RESUMIDA DE GESTIÓN AVANZADA PARA ELECCIÓN DE ESTRATEGIAS PROBABILISTICAS

GUÍA RESUMIDA DE GESTIÓN AVANZADA DE. ELECCION DE ESTRATEGIAS PROBABILISTICAS

OPERACIÓN INICIAL: SELECCIONAR UNA ESTRATEGIA PROBABILISTICA CON 100% DE EFECTIVIDAD
USAR 0,5% DEL CAPITAL INICIAL EN LA OPERACIÓN INICIAL
OPERAR SOLO SI SE DAN UNA VELA DE CONFIRMACIÓN
SI SE GANA SE PUEDE VOLVER A OPERAR CON 0,5% DEL CAPITAL INICIAL EN OTRO/A CUADRANTE/ESTRATEGIA
SI SE PIERDE SE DEBE BUSCAR UNA NUEVA ESTRATEGIA EN OTRO CUADRANTE PARA EL PRIMER PASO DE MARTINGALA

PRIMER PASO DE MARTINGALA: SELECCIONAR UNA NUEVA ESTRATEGIA PROBABILISTICA CON 100% DE EFECTIVIDAD
USAR 1% DEL CAPITAL INICIAL EN EL PRIMER PASO DE MARTINGALA (SEGUNDA OPERACION)
OPERAR SOLO SI SE DAN UNA VELA DE CONFIRMACIÓN
SI SE GANA SE PUEDE VOLVER A OPERAR CON 0,5% DEL CAPITAL INICIAL EN OTRO/A CUADRANTE/ESTRATEGIA
SI SE PIERDE SE DEBE BUSCAR UNA NUEVA ESTRATEGIA EN OTRO CUADRANTE PARA EL SEGUNDO PASO DE MARTINGALA

SEGUNDO PASO DE MARTINGALA: SELECCIONAR UNA NUEVA ESTRATEGIA PROBABILISTICA CON 100% DE EFECTIVIDAD
USAR 2% DEL CAPITAL INICIAL EN EL SEGUNDO PASO DE MARTINGALA (TERCERA OPERACION)
OPERAR SOLO SI SE DAN UNA VELA DE CONFIRMACIÓN
SI SE GANA SE PUEDE VOLVER A OPERAR CON 0,5% DEL CAPITAL INICIAL EN OTRO/A CUADRANTE/ESTRATEGIA
SI SE PIERDE SE ACEPTA ESTA PÉRDIDA COMO DEFINITIVA SIN ARRIESGAR MÁS DINERO.

Independientemente de ganar o perder, se realiza una operación por cuadrante, seleccionando estrategias con 100% de efectividad y vela de confirmación.

La versatilidad se manifiesta al cambiar de estrategia, especialmente después de una pérdida, para buscar opciones en condiciones óptimas (con vela de confirmación). A pesar de cambiar de estrategia, se sigue la gestión monetaria hablada para escenarios de pérdida por ciclo de tres operaciones distintas.

Por ejemplo:

Operación 1 con el 0,5% del capital inicial y una estrategia en un cuadrante.

Operación 2 con el 1% del capital inicial y una nueva estrategia en un nuevo cuadrante.

Operación 3 con el 2% del capital inicial y otra nueva estrategia en un nuevo cuadrante.

Para una gestión avanzada de elección de estrategias probabilísticas es fundamental conocer en detalle la totalidad de estrategias disponibles ya que tener las 18 estrategias probabilísticas a disposición nos brinda un abanico de oportunidades mayor para maximixar nuestras probabilidades de éxito en el camino a la consistencia.

TE SUGIERO ADQUIERAS NUESTRA SERIE DE COLECCIÓN DE ESTRATEGIAS PROBABILISTICAS:

"OPCIONES BINARIAS MAESTRAS"
Descubre las 18 estrategias probabilísticas para triunfar en el trading

Optimiza tus inversiones y multiplica tus beneficios: Estrategias comprobadas que transformarán tu éxito en opciones binarias

Amazon.com: "OPCIONES BINARIAS MAESTRAS" 18 ESTRATEGIAS PROBABILÍSTICAS PARA TRIUNFAR: Optimiza tus inversiones, alcanza el éxito y multiplica tus beneficios con estrategias ... de opciones binarias (Spanish Edition) eBook : Quz, Igor

CURSO IQ TRADING Módulo 1 ¿Cómo ganar en el trading de opciones binarias?: Guía definitiva para ser rentable antes de comenzar a operar en real (Spanish Edition): Quz, Igor: 9798673291566: Amazon.com: Books

Amazon.com: GANA CON SEGURIDAD: 10 ESTRATEGIAS MAESTRAS PARA MULTIPLICAR TUS GANANCIAS CON OPCIONES BINARIAS: SIMPLES, SIN MARTINGALA Y ADAPTADAS PARA CUALQUIER ... RENTABLE (CURSO IQ TRADING) (Spanish Edition): 9798332993565: QUZ, IGOR: Libros

Amazon.com: ¿CÓMO DISEÑAR UN PLAN DE TRADING RENTABLE?: GUÍA COMPLETA PASO A PASO PARA LOGRAR EL ÉXITO DEFINITIVO (Spanish Edition) eBook : QUZ, IGOR: Kindle Store

Amazon.com: ¿CÓMO USAR LA ESTADÍSTICA PARA LOGRAR UN TRADING RENTABLE?: TESTEOS Y TABLAS ESTADÍSTICAS PARA GANAR CON TU PLAN DE TRADING PENSANDO EN TERMINO DE PROBABILIDADES (Spanish Edition) eBook : QUZ, IGOR: Kindle Store

DIARIO IQ TRADING TOTAL: REGISTRA, MEJORA, GANA MÁS Y ALCANZA LA RENTABILIDAD CON TU PROPIO DIARIO DE TRADING (CURSO IQ TRADING) (Spanish Edition): QUZ, IGOR: 9798677569098: Amazon.com: Books

Saludos y te deseo un excelente trading lleno de éxitos y ganancias consistentes

Hasta el próximo lanzamiento editorial

"GANA CON SEGURIDAD: 10 ESTRATEGIAS MAESTRAS PARA MULTIPLICAR TUS GANANCIAS CON OPCIONES BINARIAS"

Simples, sin martingala y adaptadas para cualquier mercado, incluyendo el OTC. Domina el arte del trading y convierte en un trader rentable

Igor Quz

* edicionesiq@gmail.com*